Besser in Französisch
1. Lernjahr

Michelle Beyer / Simone Lück-Hildebrandt

Besser in
Französisch

Grammatik

Mit 20 S. Lösungsheft

1.
Lernjahr

Cornelsen

SCRIPTOR

Diese Lernhilfenreihe, ursprünglich für den Französisch-Beginn in der 7. Klasse konzipiert, lässt sich auch beim Französisch-Start in einer früheren Klasse erfolgreich nutzen.

Die Autorinnen:
Michelle Beyer war viele Jahre Französischlehrerin an einem Gymnasium in Deutschland und unterrichtet heute an einem französischen Gymnasium.
Simone Lück-Hildebrandt unterrichtet Französisch an einem Gymnasium.
Sie ist außerdem Beauftragte für Lehrerfortbildung im Fach Französisch.

www.cornelsen.de

Bibliografische Information:
Die Deutsche Bibliothek verzeichnet diese Publikation in der Deutschen National-bibliografie; detaillierte bibliografische Daten sind im Internet über http://dnb.ddb.de abrufbar.

1. Auflage 2010
© 2010 Cornelsen Verlag Scriptor GmbH & Co. KG, Berlin

Redaktion: Maria Bley, Baldham
Herstellung: Kristiane Klas, Frankfurt am Main, Uwe Pahnke, Berlin
Umschlaggestaltung: Patricia Müller, Regina Meiser, Berlin
Illustrationen: Stefan Matlik, Essenheim
Satz: Utesch GmbH, Hamburg
Druck und Bindearbeiten: Tesinska Tiskarna, Cesky Tesin
Printed in the Czech Republic
ISBN 978-3-589-23171-3

Gedruckt auf säurefreiem Papier,
umweltschonend hergestellt aus chlorfrei gebleichten Faserstoffen.

Inhalt

So lernst du mit diesem Buch

Egal aus welchem Grund du dich entschlossen hast, deine Französischkenntnisse zu verbessern – dieses Buch wird dir helfen, beim Umgang mit der französischen Grammatik sicherer zu werden.

Der Aufbau dieser Lernhilfe entspricht ungefähr deinem Französisch-Lehrbuch, das du in der Schule benutzt. Du musst dieses Buch aber nicht unbedingt von vorne nach hinten durcharbeiten. Wenn du ein ganz bestimmtes Problem hast, kannst du das entsprechende Thema anhand des Inhaltsverzeichnisses heraussuchen und bearbeiten.

Auch das Vokabular dieser Lernhilfe ist auf dein Französischbuch abgestimmt. Manchmal war es allerdings nicht zu vermeiden, einen Begriff aufzunehmen, den du vielleicht noch nicht kennst. Die Übersetzung findest du dann unmittelbar hinter diesem Wort.

Jedes Kapitel dieses Buches enthält
- eine Übersicht über die behandelten Themen,
- kurze grammatische Erklärungen mit Beispielsätzen,
- ein bis zwei Übungen zum jeweiligen Thema.

Am Ende jedes Kapitels findest du einen Test. Er enthält Übungen, für die du alle behandelten Themen des Kapitels beherrschen musst. Für diese Übungen gibst du dir anschließend Punkte und überprüfst selbst, ob du mit deinen Fortschritten zufrieden sein kannst. Wenn du nicht mehr als die Hälfte der angegebenen Punktzahl erreicht hast, solltest du das Kapitel besser noch einmal durcharbeiten.

Mithilfe des Lösungshefts kannst du deine Ergebnisse überprüfen. Du solltest dir die Lösungen allerdings immer erst ansehen, wenn du eine Übung vollständig bearbeitet hast.

Alle Übungen kannst du direkt im Buch bearbeiten. Am besten verwendest du dafür einen Bleistift. Dann kannst du radieren und eine Übung, mit der du nicht ganz zufrieden warst, noch einmal wiederholen.

Und nun möchten wir dir zwei Freunde vorstellen, die dich bei der Arbeit mit diesem Buch begleiten:

Salut les copines!
Je m'appelle Lecoq.

Salut les amis!
Je suis Clochard.

M. Lecoq kennt sich nicht nur mit allen Feinheiten der Sprache Frankreichs aus, als Hahn verkörpert er auch ein Wahrzeichen des Landes. Wie du sicher vom Gallier Asterix weißt, benannten die Römer das heutige Frankreich nämlich nach dem Hahn (lat. gallus).

Der Kater ist zwar kein französisches Wahrzeichen, dafür aber in fast jedem normalen französischen Haushalt anzutreffen – also auch hier.
Beide, M. Lecoq und Clochard, sind da, wenn es etwas Besonderes zu beachten gibt.

Und unsere deutsch-französischen Freunde, um die sich in diesem Buch vieles dreht, stellen sich jetzt selbst vor:

Bonjour! Je suis Brigitte Picard.
J'ai quatorze ans et j'habite à Paris.
Je suis la copine de Magali.
J'aime bien tout, surtout les gâteaux,
les bonbons, les glaces …

Salut! Moi, c'est Magali Genêt.
J'ai quinze ans. Et voilà
Katrin, ma correspondante
allemande. Elle apprend le
français et moi l'allemand. Katrin
passe ses vacances chez nous.
Elle parle déjà bien français …

Und nun viel Erfolg und Spaß beim Üben mit diesem Buch!

Michelle Beyer und Simone Lück-Hildebrandt

*embêter – nerven   *ordinateur *m* – Computer   *rêve *m* – Traum

1 Das Nomen und seine Begleiter
Le nom et ses déterminants

A Bestimmter oder unbestimmter Artikel
B Präposition und bestimmter Artikel
   de + bestimmter Artikel
   à + bestimmter Artikel
C Mengenangaben

A Bestimmter oder unbestimmter Artikel

Den bestimmten und unbestimmten Artikel im Französischen kennst du schon. Aber wann verwendest du den bestimmten und wann den unbestimmten Artikel?

un
une

des

le
la
l'

les

Brigitte regarde **une** revue.	Elle regarde **la** revue «**Phosphore**».
Yves répare **un** vélo (Fahrrad).	Il répare **le** vélo **de Magali**.
Frédéric écoute **des** chansons.	Il écoute **les** chansons **de Madonna**.

Nicht näher bestimmte Nomen (Substantive) werden vom unbestimmten Artikel begleitet – auch in der Pluralform.

Genauer bestimmte Nomen (Substantive) werden vom bestimmten Artikel begleitet.

Alors, on y va?*

*Also, fangen wir an?

10

1 *le, la, l', les* oder *un, une, des*?

Setze den passenden Artikel ein und achte auf die Rechtschreibung im Plural.

1. Voilà _____ _____.

C'est _____ _____ d'Yves.

baladeur *m*

2. Voilà _____ _____ et

_____ _____.

cassette *f*

Ce sont _____ _____ et

_____ _____ de Magali.

verre *m*
bouteille *f*

3. Voilà _____ _____ et

_____ _____.

guitare *f*

4. Voilà _____ _____ et

livre *m*

_____ _____ de Frédéric.

journal *m*

5. Voilà _____ _____.

ordinateur *m*

6. C'est _____ _____ de Magali?

gâteau *m*

7. Voilà _____ _____.

Qui mange _____ _____? Brigitte,

bien sûr!

CD *m*

8. Ce sont _____ _____ de Frédéric.

cadeau *m*

9. Oh! _____ _____! Ça, c'est pour moi!

B Präposition und bestimmter Artikel

- *de* + **bestimmter Artikel**

Wird ein Nomen durch einen Namen genauer bestimmt, dann verwendest du die
Präposition *de: le vélo **de** Magali.* Wenn das Nomen aber nicht durch einen Namen,
sondern durch ein weiteres Nomen näher bestimmt wird, ergibt das:

Voilà le directeur **du** collège.	de + le = **du**
Voilà le professeur **de la** classe de Magali.	de + la = **de la**
C'est la maison de **l'**ami de Frédéric.	de + l' = **de l'**
Voilà les stands **des** marchands de fleurs.	de + les = **des**

Das Gleiche passiert, wenn nach einem Verb die Präposition *de* folgt:

Magali parle **du** camping.	de + le = **du**

Eigentlich musst du dir nur die beiden Verschmelzungsformen merken.

de + le = du
de + les = des

2 Ergänze in den folgenden Sätzen die passende Form des Artikels.

1. Voilà M. Lebon, le professeur de sport _____ élèves de la 5e.

2. Et là, c'est Brigitte. Elle parle _____ film _____ télé avec son amie
   Françoise.

3. Là, c'est le bureau _____ directeur, et là, le bureau _____ secrétaire.

   Elle parle au professeur d'allemand de l'organisation _____ fête _____

   élèves et _____ voyage de classe _____ 6e.

4. Tiens, Mlle Dubout arrive _____ piscine avec un groupe d'élèves

   _____ 4e.

5. Dans sa classe, Mme Michelle, la prof d'allemand, parle _____ Allemagne.

● *à* + **bestimmter Artikel**

Eine Reihe von Verben wird im Französischen mit der Präposition *à* gebildet. Hier die wichtigsten, die du zunächst einmal gebrauchen wirst:

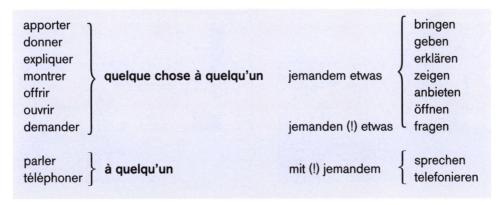

apporter					bringen
donner					geben
expliquer					erklären
montrer	} **quelque chose à quelqu'un**	jemandem etwas	{		zeigen
offrir					anbieten
ouvrir					öffnen
demander			jemanden (!) etwas		fragen
parler					sprechen
téléphoner	} **à quelqu'un**	mit (!) jemandem	{		telefonieren

Folgt nach der Präposition *à* der bestimmte Artikel, ergibt das:

Brigitte donne le cahier **au** professeur.   à + le = **au**
Il rend les tests **à la** classe.   à + la = **à la**
Patrick dit bonjour **à l'**animateur.   à + l' = **à l'**
Le professeur montre des photos **aux** élèves. à + les = **aux**

Auch hier:

à + le = au
à + les = aux

Chouette, c'est simple!*

*Prima, das ist einfach!

3 Hier sind die Bilder in zwei Hälften zerrissen und falsch zusammengestellt.
Finde die richtigen Bildpaare und schreibe den passenden Satz auf.
Folgende Verben musst du in dieser Reihenfolge benutzen:
dire bonjour, expliquer les devoirs, donner, téléphoner, offrir, montrer.

Du benötigst vielleicht noch die Übersetzung folgender Nomen:

Computer	– l'ordinateur *m*	Großmutter	– la grand-mère
Eltern	– les parents	Postbote	– le facteur
Großvater	– le grand-père	Brief	– la lettre

1. | c | Brigitte dit _____

2. | | _____

3. | | _____

4. | | _____

5. | | _____

6. | | _____

Mais, attention!

Vor Eigennamen steht kein Artikel. Es heißt also:

> Voilà la lettre **de** Patrice.
> Magali écrit **à** Rolf.

4 Chez les Lecarpentier
   Jetzt üben wir alles durcheinander. Vervollständige die Sätze mit den passenden
   Präpositionen und Artikeln. Achte auf die Verschmelzungsformen: *du, des, au, aux.*

1. Voici la maison _____ M. et Mme Lecarpentier.

2. Voilà la chambre _____ parents et voilà la chambre _____ enfants.

3. Frédéric parle _____ test d'allemand avec Jérôme.

4. Mme Lecarpentier téléphone _____ docteur pour un rendez-vous.

5. Deux copains _____ Frédéric et _____ sa sœur Clotilde sonnent
   _____ porte.

6. Clotilde ouvre la porte _____ amis.

7. «Salut, Clotilde! On va _____ cinéma. Tu viens (kommst) avec nous?»

8. Frédéric arrive. Il dit bonjour _____ amis.

9. «Ah! C'est vous! C'est sympa! Vous jouez _____ foot avec Jérôme et moi?»

10. «Pas avec moi, dit Jérôme. Je rentre _____ maison.»

11. «Et nous, on va _____ cinéma avec Clotilde. Une autre fois (ein anderes
    Mal), Frédéric. Salut!»

12. «Et moi, alors? Je reste _____ maison? C'est ça? C'est sympa!»

C Mengenangaben

Das Wort *de* taucht noch einmal in Verbindung mit allen Mengenangaben auf:

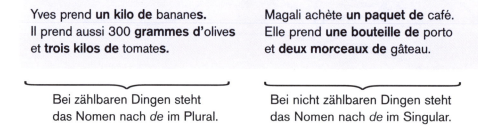

Yves prend **un kilo de** banane**s**.
Il prend aussi 300 **grammes d'olives**
et **trois kilos de** tomate**s**.

Magali achète **un paquet de** café.
Elle prend **une bouteille de** porto
et **deux morceaux de** gâteau.

Bei zählbaren Dingen steht
das Nomen nach *de* im Plural.

Bei nicht zählbaren Dingen steht
das Nomen nach *de* im Singular.

Nach einer Mengenangabe bleibt das *de* (oder *d'* vor einem Vokal) **unverändert**.

On dit aussi: beaucoup de
sucre, un peu de sel.

5 Rolf, der Brieffreund von Frédéric, macht Einkäufe für Mme Lecarpentier. Er hat sich aufgeschrieben, was er besorgen soll. Zuerst geht er auf den Markt zu Mme Martin, danach zu M. Lacombe, dem Lebensmittelhändler.

Markt:		**M. Lacombe:**	
1.	2 kg Äpfel	5.	1 Pkt. Butter
2.	1 kg Aprikosen (abricot *m*)	6.	1 Pkt. Zucker
3.	5 kg Kartoffeln	7.	3 Flaschen Limonade
4.	500 g Erdbeeren (fraise *f*)	8.	1 Flasche Wein (vin *m*)
		9.	1 Glas Marmelade
		10.	etwas *crème fraîche*

Rolf: Bonjour, Mme Martin, je suis Rolf, le correspondant de Frédo.

Alors, je voudrais _____ [1] et

_____ [2]. Je prends aussi

_____ [3]. Et donnez-moi

_____ [4].

M. Lacombe: Ah, bonjour Rolf, tu es le corres de Frédo, n'est-ce pas?

Rolf: Oui, c'est ça. Je voudrais _____ [5] et

_____ [6]. Et quelque chose à boire:

_____ [7] et

_____ [8]. Je prends encore

_____ [9]. Vous avez aussi

_____ [10]?

M. Lacombe: Non, je regrette, aujourd'hui il n'y a pas

de crème fraîche.

Test

I. Ergänze die Einzahl oder die Mehrzahl des jeweiligen Nomens. Verwende wie beim vorgegebenen Begriff entweder den bestimmten oder den unbestimmten Artikel.

Einzahl	Mehrzahl
un chat	_____
_____	les livres
_____	des gâteaux
un tapis (Teppich)	_____
une banane	_____
une cassette	_____
_____	les exercices
la marchande	_____
_____	des amies
le plateau	_____
_____	des chaises
un cadeau	_____
_____	les revues

13 points

… et tes points?

II. La surprise-partie chez Frédéric
Vervollständige diesen Text. Achte auf die richtigen Artikel, die Mengenangaben und die Verschmelzungsformen (*au, aux, du, des*).

On sonne. C'est Vincent, _____[1] ami de Frédéric.

Il dit bonjour _____[2] parents de Frédéric et _____[3] amis.

Il apporte _____[4] cassettes de musique.

On sonne encore une fois. C'est Armelle. Elle arrive avec _____⁵ sac (*m*).

Dans _____⁶ sac, il y a _____⁷ bouteilles _____⁸ orangeade et

_____⁹ coca. Elle a aussi deux paquets _____¹⁰ biscuits. Elle pose

_____¹¹ bouteilles sur _____¹² table _____¹³ cuisine.

Frédéric: Tu prends _____¹⁴ verre _____¹⁵ coca avec nous, maman?

Mme Lecarpentier: Non merci, j'ai déjà _____¹⁶ tasse _____¹⁷ thé.

Yves met _____¹⁸ cassette de rock et _____¹⁹ fête commence.

| 19 points |

III. Le petit traducteur (Der kleine Übersetzer)
Wie würdest du Folgendes auf Französisch sagen?

1. Ich möchte ein Kilo Aprikosen.

   Je voudrais un kilo d'abricots.

2. Ich gehe (je vais) ins Kino.

   _____

3. Ich suche die Adresse von Magali.

   _____

4. Ich rede über den Fernsehfilm.

   _____

5. Meine Mutter ruft den Arzt (médecin *m*) an.

   _____

Hier gibt es drei Punkte pro Satz. Ziehe dir für jeden Fehler
einen Punkt ab (falls du welche gemacht hast).

| 12 points |

2 Die Verben im Präsens (1)
Les verbes au présent

A Die regelmäßigen Verben auf - *er*
B *ouvrir* und *offrir*
C *prendre, apprendre* und *comprendre*

A Die regelmäßigen Verben auf - *er*

Den französischen Verbformen musst du wohl oder übel etwas mehr Aufmerksamkeit
widmen. Es gibt hier nämlich einen etwas größeren Formenreichtum als im Eng-
lischen. Aber nicht erschrecken! Der weitaus größte Teil der französischen Verben
endet auf - *er* und wird regelmäßig konjugiert. Und du wirst sehen, auch die unregelmäßigen Verben haben ihre Regelmäßigkeiten.

Dies sind die Endungen der regelmäßigen Verben, die im Infinitiv auf - *er* enden.

	Verbstamm Endung **regard er** (betrachten)	Imperativ	Genauso werden konjugiert:
je	regard **e**		jouer (spielen)
tu	regard **es**	regarde	apporter (holen)
elle/il/on	regard **e**		écouter (zuhören)
nous	regard **ons**	regardons	...
vous	regard **ez**	regardez	
elles/ils	regard **ent**		

Vor einem Vokal wird *je* apostrophiert:

Tu arrives, Frédéric?	Oui, **j'**arrive, monsieur.
Tu écoutes maintenant?	Oui, **j'**écoute.

Alles klar? Das wollen wir sehen.

1 Füge die passende Endung an.

j'apport_____   vous apport_____   on apport_____

ils apport_____   tu apport_____   nous apport_____

2 Ergänze das passende Pronomen und/oder die passende Verbform.

écouter

Singular	Plural
j'_____	nous _____
_____ écoutes	_____ _____
il _____	_____ écoutent

Für den Imperativ (Befehlsform) gibt es im Französischen drei Formen:

Singular:	Regard**e**.	Schau!
Plural:	Regard**ons**.	Schauen wir!
	Regard**ez**.	Schaut! oder: Schauen Sie!

Die Befehlsform im Singular entspricht der Verbform der 1. Person Singular.
Bei allen drei Formen entfällt das Personalpronomen.

3 Chez Magali, après les vacances
  Setze die passende Verbform ein.

```
jouer (4x)        sonner          écouter
entrer            apporter (2x)   regarder (2x)
adorer (über alles lieben)
```

1. Magali et Brigitte _____ aux cartes et _____

   une cassette.

2. On _____. C'est Yves, un ami. Il _____ dans

   la chambre.

3. Yves: Salut, mes belles! Ah, vous _____ aux cartes!

4. Magali: Oui, tu _____ avec nous?

5. Yves: Non. J'_____ les photos des vacances. _____

6. Brigitte: Bonne idée! On _____ les photos!

7. Magali: D'accord, et après nous _____ aux cartes ensemble. Mais,

   une minute! J'_____ une bouteille de coca et des gaufres (Waffeln).

8. Yves: Des gaufres! Super! J'_____ les gaufres!

B *ouvrir* und *offrir*

Diese beiden Verben werden im Präsens wie regelmäßige Verben auf *-er* konjugiert, obwohl sie den Infinitiv auf *-ir* bilden.

	Verbstamm	Endung	Imperativ	Genauso:
		ouvr ir (öffnen)		
j'	ouvr	**e**		offrir (anbieten, schenken)
tu	ouvr	**es**	ouvre	
elle/il/on	ouvr	**e**		
nous	ouvr	**ons**	ouvrons	
vous	ouvr	**ez**	ouvrez	
elles/ils	ouvr	**ent**		

4 Trage die passende Verbform von *offrir* oder *ouvrir* ein.

1. Tu _____ un thé à ton ami?

2. M. et Mme Lefour _____ un bateau à Marc pour son anniversaire.

3. Qu'est-ce que vous _____ aux parents pour Noël (für Weihnachten)?

4. _____ les livres à la page 56, dit le professeur aux élèves.

5. On sonne. C'est Nathalie. Magali _____ la porte et elle entre.

6. M. Lefour _____ des fleurs (Blumen) à sa femme.

7. _____ la fenêtre, s'il te plaît.

C *prendre, apprendre* und *comprendre*

Nun geht es richtig los! Diese Verben sind stark unregelmäßig. Da sie oft gebraucht werden, musst du sie auswendig lernen. Und du wirst sehen, mit ein wenig Übung ist es gar nicht so schlimm. Also los!

	prendre (nehmen)	Imperativ	Genauso:
je	pren**ds**		apprendre (lernen)
tu	pren**ds**	prends	comprendre (verstehen)
elle/il/on	pren**d**		
nous	pren**ons**	prenons	
vous	pren**ez**	prenez	
elles/ils	prenn**ent**		

Die Endungen der unregelmäßigen Verben kann man sich eigentlich gut merken:

-s
-s
-d oder -t
-ons
-ez
-ent

Attention:
elles/ils prennent –
c'est toujours avec nn!

Die Befehlsform der 2. Person Singular entspricht der Verbform der 1. Person Präsens.

5 Trage die Formen von *comprendre* und *apprendre* ein.

comprendre

je _____, tu _____

elle _____, nous _____

vous _____, ils _____

apprendre

nous _____, ils _____

on _____, j'_____

tu _____, vous _____

6 *prendre, apprendre* oder *comprendre*?
   Vervollständige die Sätze mit der passenden Verbform. Hier musst du das Verb aus dem Zusammenhang erschließen.

1. Tu _____ le bus ou le métro?

2. Alain _____ sa leçon de géographie.

3. _____ les verbes irréguliers!

4. Nous allons à Jersey et nous _____ le bateau.

5. _____ les livres à la page 18!

6. J'_____ ma leçon de physique, mais je ne _____ pas

   les exercices.

7. «Vous ne _____ pas parce que (weil) vous n'_____

   pas assez (nicht genug)!»

Test

I. Verbinde die Pronomen jeweils mit der passenden Verbform.

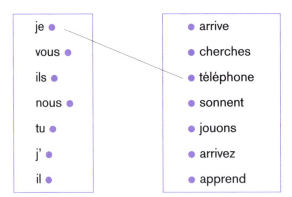

6 points

II. Finde die fünf Fehler und korrigiere sie.

1. je offre _____

2. tu écoute _____

3. il apprend _____

4. ils réparent _____

5. nous cherchons _____

6. on ouvres _____

7. vous comprennez _____

8. tu prends _____

9. ranges _____

10. elles apprennent _____

5 points

III. Le petit traducteur
Wie würdest du dies auf Französisch sagen?

1. Ich nehme den Bus Nr. 24.

   _____

2. Ich lerne Französisch (le français).

   _____

3. Ich lade Clotilde ein (inviter).

   _____

Zwei Punkte pro Satz – ein Punkt Abzug pro Fehler.

6 points

IV. Production guidée (Freie Textproduktion)
Ergänze diesen Text, indem du mit den vorgegebenen Wörtern Sätze bildest.
Vergiss nicht, die Verben zu konjugieren.

1. Frédéric joue?

   Non, *il apprend sa leçon d'allemand.*

   apprendre/sa leçon
   d'allemand/il

2. On sonne.

   Ils _____

   la porte/ils/
   ouvrir

3. Elle écoute des cassettes?

   Non, _____

   _____

   elle/le test/préparer/
   de mathématiques

4. Sprechen Sie deutsch?

   Non, _____

   français/nous/parler

5. Tu joues avec l'ordinateur?

   Mais non, _____

   ranger/ma chambre/je

Zwei Punkte pro Satz – ein Punkt Abzug pro Fehler.

8 points

3 Die Possessivbegleiter
Les déterminants possessifs

A Possessivbegleiter im Singular
B Possessivbegleiter im Plural
C Die Possessivbegleiter in der höflichen Anrede

A Possessivbegleiter im Singular

Possessivbegleiter zeigen Besitz und Zugehörigkeit eines Nomens an. Hier ist zuerst eine Übersicht über die Formen der Possessivbegleiter, wenn der Besitzer im Singular steht:

	le chat ♂ l'amie ♀	la voiture ♀	les chats ♂ les voitures ♀
je tu elle/il	**mon** **ton** **son** } chat amie	**ma** **ta** **sa** } voiture	**mes** **tes** **ses** } chats voitures

Anders als im Deutschen richtet sich der Possessivbegleiter im Französischen nach Geschlecht und Zahl des Nomens, bei dem er steht.

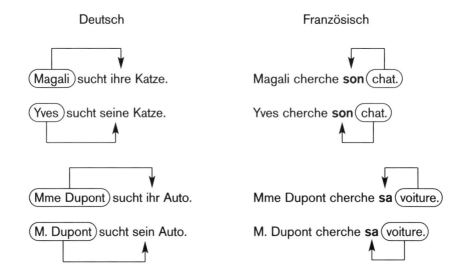

Deutsch	Französisch
Magali sucht ihre Katze.	Magali cherche **son** chat.
Yves sucht seine Katze.	Yves cherche **son** chat.
Mme Dupont sucht ihr Auto.	Mme Dupont cherche **sa** voiture.
M. Dupont sucht sein Auto.	M. Dupont cherche **sa** voiture.

Die folgende Besonderheit musst du hier allerdings beachten:

Es heißt: ma voiture *f*
             mon chat *m*
aber: mon amie Nathalie *f*

Uns Franzosen ist der schöne Klang unserer Sprache wichtig. Und wie klingt schon *ma amie* im Vergleich zu *mon amie*.

Beginnt das Nomen hinter dem Possessivbegleiter mit einem Vokal, dann steht der Begleiter immer in der maskulinen Form *(mon, ton, son)*.

Achte also bei den Nomen der nächsten Übungen auf die Vokale am Wortanfang.

Ergänze bei den folgenden Übungen die richtigen Possessivbegleiter.

1   Quel désordre! (Welche Unordnung!)

Magali cherche …

1. __*sa*__ montre *f*   5. _____ chaussures *f*

2. _____ serviette *f* de bain   6. _____ sac *m*

3. _____ cahiers *m*   7. _____ plan *m* de Paris

4. _____ pantalon *m*   8. _____ cassettes *f*

Maman, je cherche …

1. __*ma montre*__   5. _____

2. _____   6. _____

3. _____   7. _____

4. _____   8. _____

Cherche dans _____ armoire*!

* armoire *f* – Schrank

27

2 La dispute (Der Streit)
   Frédéric und seine kleine Schwester Clotilde (genannt Cloclo) streiten sich öfter,
   weil Cloclo grundsätzlich die Sachen von Frédo als ihr Eigentum betrachtet.
   Frédéric ist im Zimmer von Clotilde …

1. Frédo: Tu rends (zurückgeben) les cassettes?

   Cloclo: Pourquoi? Est-ce que ce sont _les_ cassettes?

   Frédo: Oui, ce sont _____ cassettes.

   Cloclo: Ah non!! Ce n'est pas vrai (wahr)!

2. Frédo: Je prends la guitare!

   Cloclo: Pourquoi? Est-ce que c'est _____?

   Frédo: Oui, c'est _____

   Cloclo: Alors! Non!!

3. Frédo: Où est l'appareil photo?

   Cloclo: Pourquoi? Est-ce que c'est _____?

   Frédo: Oui, _____

   Cloclo: Mais non! Zut alors!

   La dispute continue. (Der Streit geht weiter.)
   Benutze die vorgegebenen Redemittel und setze den Streit wie oben fort.

Tu rends …?
Où est …?
Je prends …?

Pourquoi …?

4. Frédo: _____

   Cloclo: _____

   Frédo: _____

5. Frédo: _____

   Cloclo: _____

   Frédo: _____

6. Frédo: _____

   Cloclo: _____

   Frédo: _____

B Possessivbegleiter im Plural

Bisher ging es nur um einen Besitzer. Nun schauen wir uns das Ganze mit mehreren Besitzern an.

	le chat ♂ la voiture ♀	les chats ♂ les voitures ♀
nous vous elles/ils	**notre** **votre** **leur** } chat voiture	**nos** **vos** **leurs** } chats voitures

Bei mehreren Besitzern richtet sich der Possessivbegleiter nur nach der Zahl des Nomens. Die Formen für maskuline und feminine Nomen sind hier gleich.

Setze in der folgenden Übung die Possessivbegleiter im Plural ein. Achte darauf, wer mit wem spricht; wenn sich zwei über andere Personen unterhalten, musst du eine Form von *leur* benutzen.

3 Rolf und Katrin, die Austauschpartner von Magali und Frédéric, sind zum ersten Mal bei Brigitte eingeladen.

Ce sont _vos_ chats?

Oui, ce sont _____ chats.

Ce sont _____ chats!

C'est _____ voiture?

Oui, c'est _____ voiture.

C'est _____ voiture!

Ce sont _____ vélos?

Oui, ce sont _____ vélos.

Ce sont _____ vélos!

Es gibt hier noch ein kleines Problem:
leur   leurs

In der gesprochenen Sprache kannst du den Unterschied zwischen der Singular- und
der Pluralform von *leur* nicht feststellen. Aber im Schriftlichen musst du den Unterschied beachten.

Frédéric et Magalie disent bonjour à leur professeur.	Frédo et Cloclo disent bonjour à leurs parents.

4   Frédéric erzählt Yves, was er bereits von Rolf über die Schule in Deutschland erfahren hat.
Setze die richtige Form ein: *leur* oder *leurs*.

Tu sais, *leurs*[1] cours durent 45 minutes.

_____[2] récréation est à neuf heures et demie.

Les élèves allemands sont presque toujours (fast immer) dans _____[3]

salle de classe.

_____[4] directeur donne aussi des cours.

A trois heures et demie, ils font déjà _____[5] devoirs.

Après, ils jouent avec _____[6] copains ou ils font les courses pour

_____[7] parents.

_____[8] sport préféré (bevorzugt), c'est le tennis.

_____[9] grandes vacances (große Ferien) durent six semaines.

C Die Possessivbegleiter in der höflichen Anrede

Im Französischen gibt es wie im Deutschen für die höfliche Anrede im Singular und im Plural denselben Begleiter: Sie und *vous.*

Nehmen **Sie** einen Kaffee?	**Vous** prenez un café?
Haben **Sie** Artischocken?	**Vous** avez des artichauts?

Auch die Possessivbegleiter in der Höflichkeitsform *(votre/vos)* richten sich nach der Zahl des Nomens, das sie begleiten.

vous (Sie)	**votre** ⎰ chat *m* ⎱ voiture *f*	**vos** ⎰ chat**s** ⎱ voiture**s**

Monsieur, vous avez oublié **votre** chapeau.	Vous cherchez **vos** clés, monsieur?
Pardon, les dames, c'est **votre** chien?	

Aufgepasst! In der nächsten Übung haben wir die Höflichkeitsform mit anderen Formen vermischt.

5 Ein Reporter macht ein Interview für die Zeitschrift *Les Hôtels en France.* Er spricht mit monsieur und madame Leblanc.
Ergänze in diesem Interview die Possessivbegleiter.

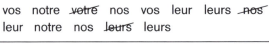

vos   notre   ~~votre~~   nos   vos   leur   leurs   ~~nos~~
leur   notre   nos   ~~leurs~~   leurs

Reporter:	Monsieur et madame Leblanc, combien de chambres a _votre_[1] hôtel?
M. Leblanc:	_____[2] hôtel a douze chambres, six au premier étage, quatre au deuxième et deux au troisième.
Reporter:	Est-ce que _____[3] chambres sont avec douche?
Mme Leblanc:	Eh oui, _____[4] chambres sont avec douche.

Reporter:	Où est-ce que _____⁵ clients (Kunden, Gäste) prennent
	_____⁶ petit déjeuner et *leurs*⁷ repas?
Mme Leblanc:	_____⁸ clients prennent _____⁹ petit
	déjeuner sur la terrasse et ils prennent _____¹⁰ repas au
	restaurant.
Reporter:	Est-ce que l'hôtel est au centre-ville?
M. Leblanc:	Oui, _____¹¹ hôtel est au centre-ville et *nos*¹²
	clients font _____¹³ courses sans problèmes.
Reporter:	Merci pour l'interview, monsieur et madame Leblanc!

Hier sind alle Formen der Possessivbegleiter noch einmal in der Übersicht:

	♂ ♀*	♀	♂ ♀
je tu elle/il	mon ton son	ma ta sa	mes tes ses
nous vous elles/ils	notre votre leur		nos vos leurs
vous (Sie)	votre		vos

*Diese Form steht vor femininen Nomen nur dann,
wenn sie mit einem Vokal beginnen.

Test

Geht es dir auch manchmal so? Du suchst etwas Bestimmtes und du findest etwas anderes.

I. In der folgenden Übung musst du dir für die jeweiligen Sätze die Gegenstände aus den beiden Kästen zusammensuchen. Achte dabei auf das Geschlecht und die Zahl des Begriffs.

On cherche...

On trouve...

1. montre *f*   6. manteau *m*
5. plan *m* de ville   2. cravate *f*
8. appareil photo *m*   7. livres *m*
4. boules *f*   3. chien *m*

a) chaussette *f*   b) jeans *m*
d) portemonnaie *m*   h) cartes *f* postales
c) chat *m*   f) parapluie *m*
e) tickets *m*   g) cahiers *m*

Rolf cherche *sa montre*[1].

Il trouve _____[a)].

Frédéric: Où est _____[2]?

Ah voilà, _____[b)].

Les Dupont cherchent _____[3].

Ils trouvent _____[c)].

Cloclo: Tu sais, où sont _____[4]?

Frédo: Non, mais voilà _____[d)].

Mme et M. Leblanc: Où est _____[5]?

Eh bien, voilà _____[e)].

Le garçon au restaurant: Vous cherchez _____[6], madame?

La dame: Oui, mais voilà _____[f)].

Frédo et Cloclo: Où sont _____[7], maman?

La mère: Je ne sais pas. Mais voilà _____[g)].

Les quatre amis cherchent _____[8].

Ils trouvent _____[h)].

15 points

4 Die Verben im Präsens (2)
Les verbes au présent

A Verben vom Typ *entendre* und *attendre*
B *être* und *avoir*
C *aller*

A Verben vom Typ *entendre* und *attendre*

Bei den Verben auf *-(d)re* unterscheiden sich nur die Endungen im Singular von den Endungen der Verben auf *-er*.

	entend re (hören)	Imperativ	Genauso:
j'	entend **s**		attendre (warten)
tu	entend **s**	entends	répondre (antworten)
elle/il/on	enten**d**		descendre (hinuntergehen, aussteigen)
nous	entend **ons**	entendons	
vous	entend **ez**	entendez	rendre (zurückgeben)
elles/ils	entend **ent**		

Alors, c'est facile!

1 Devant l'école
Setze die richtige Form von *attendre* ein.

Jacques _____[1] devant le collège. A côté de Jacques, Monique et Nathalie

_____[2] aussi.

Jacques: Vous _____[3] qui?

Monique: Nous _____[4] Marie. Et toi, tu _____[5] qui?

Jacques: J'_____[6] Émile.

Puis Marc arrive et s'arrête (bleibt stehen) devant l'école.

Marc: Salut. Vous _____[7] qui?

Nathalie: Jacques _____[8] Émile et nous, nous _____[9] Marie.

              Et toi, tu _____[10] qui?

Marc: Moi, j'_____[11] le bus.

Le bus arrive. Marc monte.

Jacques, Nathalie et Monique

_____[12] encore

(immer noch).

B *être* und *avoir*

Die beiden Verben *être* und *avoir* werden nicht nur sehr oft verwendet, sie sind auch sehr unregelmäßig. Das ist übrigens in vielen Sprachen so. Man kommt nicht drum herum, sie auswendig zu lernen.

	être (sein)		**avoir** (haben)
je	suis	j'	ai
tu	es	tu	as
elle/il/on	est	elle/il/on	a
nous	sommes	nous	avons
vous	êtes	vous	avez
elles/ils	sont	elles/ils	ont

Verwechsle nicht *ils ont* = sie haben (weiches s mit Bindung)
        mit *ils sont* = sie sind (hartes s).

Beispiel:
  Ils **sont** malades. (Sie sind krank.)
  Ils **ont** la grippe. (Sie haben Grippe.)

Merke dir auch unbedingt, dass die Altersangabe – anders als im Deutschen – mit *avoir* gebildet wird.

Je suis un chat et
j'ai deux ans.

2 *être* oder *avoir*?

A la M.J.C.*, Brigitte et Magali font la connaissance (kennenlernen) de Claude.

Claude: Vous _____¹ d'ici (von hier)?

Brigitte: Oui, nous _____² de Paris. Et toi, tu _____³ d'ici?

Claude: Non, je _____⁴ de Strasbourg.

Magali: Ah, Strasbourg! Mes grands-parents _____⁵ aussi de Strasbourg!

C'_____⁶ une belle ville.

Claude: Quel _____⁷ le nom de tes grands-parents?

Magali: Genêt, comme moi.

Claude: Genêt, non, je ne connais (kenne) pas ce nom. Quel âge vous _____⁸?

Magali: Moi, j'_____⁹ quinze ans et Brigitte _____¹⁰ quatorze ans. Et toi,

tu _____¹¹ quel âge?

Claude: J'_____¹² seize ans.

*Maison des Jeunes et de la Culture – Jugendzentrum

C *aller*

Das Verb *aller* endet zwar auf *-er*, es ist aber stark unregelmäßig. Du lernst die Formen am besten gleich auswendig, denn *aller* wird wie *avoir* und *être* sehr oft benutzt. Es dient als Hilfsverb, um das *futur proche* (nahe Zukunft) zu bilden.

	aller (gehen)	Imperativ
je	vais	
tu	vas	va
elle/il/on	va	
nous	allons	allons
vous	allez	allez
elles/ils	vont	

Vorsicht! Eine Ausnahme!
Merke dir folgende
Wendung: Vas-y!*

*Geh hin! Fange an!

3 Ergänze die richtige Form von *aller*.

Brigitte: Salut, Yves!

Magali: Nous _____ [2] bien,

et toi, tu _____ [3] bien?

Brigitte: Oh, mon pauvre (du Ärmster)!

Magali: Nous _____ [7] à

la piscine.

Brigitte: C'est ça! Allez, Magali!

On y _____ [9]!

Yves: Salut vous deux!

Comment ça _____ [1]?

Yves: Non, moi, ça _____ [4] mal.

Je _____ [5] chez

le dentiste, alors ...

Yves: Et vous _____ [6] où?

Yves: Bonne idée! Après, je

_____ [8] aussi à la

piscine. Alors, à tout à l'heure

(bis gleich)!

Test

I. Kreuze an, ob die Verbformen richtig oder falsch sind. Korrigiere die Fehler, wenn es nötig ist.

	r	f	
1. tu entend		x	_tu entends_
2. je vais			
3. nous sommes			
4. vous allez			
5. ils allent			
6. elles descendent			
7. il descent			
8. vas!			
9. ils répondont			
10. j'as			
11. elle rend			
12. vous êtez			

12 points

II. Setze die passende Verbform ein.

1. Monique _____ le bus.   attendre

2. Je _____ au professeur.   répondre

3. Vous _____ du bus place Royale.   descendre

4. La marchande _____ la monnaie.   rendre

5. «Les enfants! Rangez votre chambre.

   Vous _____?»   entendre

6. «Qu'est-ce que vous _____   vendre

   comme fruits aujourd'hui?»

7. Magali _____ 38°.   avoir

39

8. Les touristes _____ du bus.   descendre

   Ils _____ à la tour Eiffel.   aller

9. Aujourd'hui, nous _____ les   rendre

   livres de maths au prof.

| | 10 points |

III. *être* oder *avoir*?

Magali zeigt ihrer Brieffreundin Katrin ein paar Fotos und kommentiert sie.
Ordne zuerst die Texte den Bildern zu. Schreibe dann Magalis Erklärungen auf.
Verwende dabei die Verben *avoir* oder *être*.

1    2    3

4   5

Text	Bild	
a)	5	Là/une allergie./mon cousin/? *Là, mon cousin a une allergie.*
b)		à la/nous/?/piscine./Là
c)		?/Là/nous/une panne.
d)		Voilà mon chat Clochard. Il/deux ans/?
e)		Là/avec/tante Amélie./?/je

Zwei Punkte pro Satz – ein Punkt Abzug pro Fehler.

| | 8 points |

40

5 Der Aussagesatz
La phrase déclarative

A Das direkte und das indirekte Objekt
B Die adverbiale Bestimmung
C Die Stellung der Objekte und der adverbialen Bestimmungen

A Das direkte und das indirekte Objekt

Wie im Deutschen musst du zwischen dem direkten Objekt (Akkusativ) und dem indirekten Objekt (Dativ) unterscheiden. Das indirekte Objekt erkennst du daran, dass es mit à angeschlossen wird.

Subjekt	Prädikat	direktes Objekt	indirektes Objekt
Magali	fait	ses devoirs.	
Elle	cherche	Frédéric.	
Frédéric	donne	son stylo	à Magali.
Il	montre	des photos	aux amis.
Yves	parle		à Brigitte.
		wen? oder was?	wem?

Du ersparst dir viele Probleme, wenn du gleich lernst, mit welchem Objekt die Verben verbunden sind. Mit à werden häufig diejenigen Verben angeschlossen, die im Satz eine Beziehung zwischen zwei Personen ausdrücken:

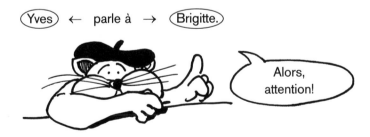

Genauso:

dire	– sagen	écrire	– schreiben	offrir	– anbieten
raconter	– erzählen	donner	– geben	demander	– fragen
téléphoner	– telefonieren				

Aber es gibt Unterschiede zum Deutschen, die du dir besonders gut merken musst:

écouter	**quelqu'un** (qn) le professeur	dir. Obj.	jemand**em** zuhören dem Lehrer zuhören	indir. Obj.
attendre	**quelqu'un** une amie	dir. Obj.	**auf** jemand**en** warten auf eine Freundin warten	dir. Obj. + Präposition
demander	**à** quelqu'un **à** un ami	indir. Obj.	jemand**en** fragen einen Freund fragen	dir. Obj.

Nun wollen wir mal sehen, ob du die Verben mit dem richtigen Objekt verbinden kannst. Es geht hier nur um Personen.

1 Kreuze die passende Verbergänzung an.

Verb	direktes Objekt *qn*	indirektes Objekt *à qn*
téléphoner		x
attendre		
écrire		
penser (denken)		
aimer		
inviter		
demander		
raconter		

2 Rolf ist noch nicht sehr gut in Französisch. Vielleicht kannst du ihm ein bisschen helfen. Korrigiere seine Sätze, wenn nötig. Schreibe die richtige Version darunter.

1. Ma copine a des problèmes en maths. Elle demande une explication (Erklärung) son frère.

_____

2. Magali attend à Brigitte.

_____

3. Pour mon anniversaire, j'invite aussi Brigitte.

_____

4. Rolf, tu écris tes parents?

_____

B Die adverbiale Bestimmung

Zu einem Aussagesatz gehört auch eine Orts- oder Zeitangabe (adverbiale Bestimmung des Ortes oder der Zeit), manchmal auch beides. In den Kapiteln 10 und 11 werden wir darauf noch ausführlich eingehen. Hier aber schon eine erste Übersicht:

Subjekt	Prädikat	dir. Objekt/ indir. Objekt	adverbiale Bestimmung	
Frédéric Magali	écoute téléphone	un disque à Brigitte	**dans sa chambre.** **le week-end.**	a) des Ortes/wo? b) der Zeit/wann?

C Die Stellung der Objekte und adverbialen Bestimmungen

Die Satzstellung im Aussagesatz ist einfach: Subjekt und Prädikat bilden das Kernstück des Satzes.
Hier der französische Satzfächer:

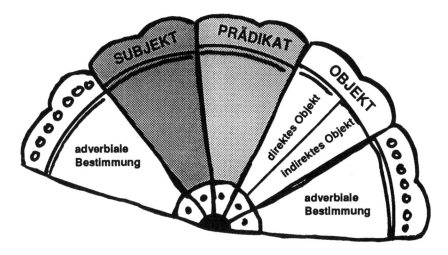

- Das direkte Objekt steht im Satz direkt nach dem Verb (Prädikat).
- Das indirekte Objekt steht in der Regel nach dem direkten Objekt, es sein denn, es gibt im Satz nur ein indirektes Objekt.
- Die adverbiale Bestimmung steht entweder am Anfang oder am Ende des Satzes.

3 Bringe die Satzelemente in die richtige Reihenfolge.

1. il/la revue/à sa sœur/donne

_____

2. offre/la mère/aux filles/un bol de chocolat

_____

3. à Magali/raconte/Frédéric/une histoire

_____

4. les amis/attendent/ils/devant le cinéma

_____

5. des photos/aux grands-parents/montre/il

_____

6. prend/après le repas/tout le monde/un café

_____

Test

I. Production guidée
    Rolf und Katrin besuchen einen Französischkurs für Ausländer. Dort ist auch
    Fatima. Ihr Lehrer hat sich ein Sprachspiel ausgedacht: Um den folgenden Text zu
    vervollständigen, fischt Rolf Karten mit Prädikaten aus einem Gefäß. Katrin muss
    die Karten mit den passenden direkten und indirekten Objekten aus einem zweiten
    Gefäß angeln und Fatima fischt schließlich die noch fehlenden adverbialen Be-
    stimmungen aus einem dritten Gefäß.

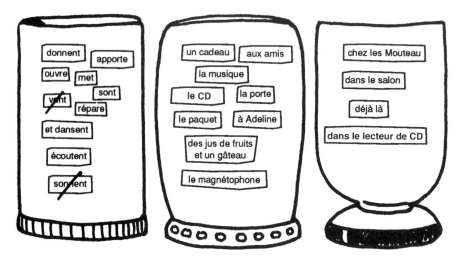

Adeline fête son anniversaire.

1. Delphine et Alexis *sonnent* _____.

2. Mme Mouteau _____

   _____.

3. Les amis _____

   _____.

4. Adeline _____.

   «Oh, une cassette de Madonna!» dit Adeline. «Merci beaucoup!»

5. Delphine et Alexis *vont* _____.

6. Robert et Jean _____.

7. La maman d'Adeline _____

   _____ .

8. Adeline _____

   _____.

   Mais le lecteur de CD ne marche pas.

9. Alexis _____.

10. Les amis _____

    et _____.

Zwei Punkte pro Satz – ein Punkt Abzug pro Fehler.

II. Le petit traducteur

1. Die Marktfrau zeigt Mme Genêt eine Ananas.

_____

2. Nach der Schule telefoniert Pierre mit Magali.

_____

3. Yves gibt Brigitte seinen Walkman.

_____

4. Ich schreibe Großmutter einen Brief.

_____

8 points

6 Die Frage
L'interrogation

A Die Entscheidungsfrage: Intonation oder *est-ce que*
B Fragen mit Fragewort und *est-ce que*
C Fragen mit Fragewort ohne *est-ce que*

A Die Entscheidungsfrage: Intonation oder *est-ce que*

Auf die einfachste Frageform, die Entscheidungsfrage, kann man nur mit *oui* oder *non* antworten.
Es gibt im Französischen zwei Möglichkeiten, eine Entscheidungsfrage zu formulieren.

● **Die Intonationsfrage**

Hierbei wird ein ganz normaler Aussagesatz gebildet und die Stimme am Satzende angehoben.

Frédéric est là? → Oui, il est là.
→ Non, il est chez Yves.

Die Intonationsfrage wird nur in der gesprochenen Sprache verwendet.

● **Die Entscheidungsfrage mit *est-ce que***

Grundsätzlich gilt: Bildet man die Frage mit *est-ce que,* so bleibt die Satzstellung des Aussagesatzes – Subjekt, Prädikat, Objekt – erhalten.

	Subjekt	Prädikat	Objekt (hier direktes)	
	Frédéric	fait	des exercices.	
Est-ce que	Frédéric	fait	des exercices?	Oui, … Non, …

Die Entscheidungsfrage mit *est-ce que* wird in der gesprochenen und auch in der geschriebenen Sprache verwendet.

Est-ce que + Vokal ergibt: *est-ce qu'.*
Zum Beispiel: *Est-ce **qu'il** est-là?*

1 Bilde mit *est-ce que* die passende Frage. Hier zunächst ein Beispiel:
   Frage: Est-ce que Frédéric écoute une cassette?   (une cassette)
   Antwort: Non, il regarde la télé.

1. _____? (au marché)

   Oui, elle va au marché.

2. _____ (à la bibliothèque)

   _____?

   Non, Brigitte est à la cantine.

3. _____ (un jus d'orange)

   _____?

   Non, je (!) prends un chocolat chaud.

4. _____ (le petit déjeuner)

   _____?

   Oui, Yves prend le petit déjeuner.

5. _____ (un lecteur de CD)

   _____?

   Non, c'est un appareil photo.

6. _____ (à Toulouse)

   _____?

   Oui, ils habitent à Toulouse.

7. _____ (avec Yves)

   _____?

   Non, Magali fait des courses avec Brigitte.

8. _____

   _____?

   Oui, nous allons à la tour Eiffel.

B Fragen mit Fragewort und *est-ce que*

Auch bei der Frage, die mit einem Fragewort und der *est-ce que*-Formel gebildet wird, bleibt die Satzstellung des Aussagesatzes erhalten.

● **Frage nach dem direkten Objekt oder einer adverbialen Bestimmung**

	Fragewort	*est-ce que*-Formel	Subjekt	Prädikat	Objekt/adverbiale Bestimmung
was	Qu'		Magali	dit	à Yves?
wo	Où		tu	achètes	les fleurs?
wann	Quand	**est-ce que/**	ils	arrivent?	
warum	Pourquoi	**est-ce qu'**	Brigitte	est	au lit?
wieviel	Combien		Frédéric	paie	pour la cassette?
				Aussagesatz	

Que + *est-ce que* ergibt: **Qu'est**-*ce que* (was).

2 Die folgenden Sprechblasen sind durcheinander geraten. Ordne die Fragen und Antworten richtig zu.

1. Quand est-ce que tu fais du sport?

2. Pourquoi est-ce qu'Yves est au lit?

3. Mais où est-ce que Frédéric va maintenant?

4. Qu'est-ce que vous faites, ce soir?

5. Pourquoi est-ce que tu téléphones à Brigitte?

6. Quand est-ce qu'on joue au tennis?

7. Qu'est-ce que c'est?

8. Où est-ce que Mme Lecarpentier travaille?

a) Mme Lecarpentier travaille au collège.

b) Parce que je ne trouve pas mon livre de maths.

c) On va au cinéma, ce soir.

d) Je fais du sport, le mercredi après-midi.

e) Parce qu'il a la grippe.

f) Maintenant, Frédo va au marché.

g) C'est un ordinateur.

h) Dimanche, on joue au tennis.

1. *d)*	2.	3.	4.	5.	6.	7.	8.

● **Frage nach dem indirekten Objekt (hier: Personen)**

	Fragewort	*est-ce que-* Formel	Subjekt	Prädikat	Objekt/adverbiale Bestimmung
wem	A qui	est-ce que	Brigitte	offre	le cadeau?
mit wem	Avec qui	est-ce qu'	il	va	au cinéma?
für wen	Pour qui	est-ce que	Mme Leblanc	prépare	le repas?

Aussagesatz

3 Vervollständige die folgenden Sätze mit den Fragewörtern *à qui, avec qui, pour qui* und *est-ce que*. Die unterstrichenen Satzteile im Antwortsatz helfen dir, das richtige Fragewort zu finden.

1. *A qui est-ce qu'*_____ elle ouvre la porte?

 Elle ouvre la porte <u>au médecin</u>.

2. _____ Christine regarde la télé?

 Elle regarde la télé <u>avec Pierre</u>.

3. _____ Mme Leconte achète les kiwis?

 Elle achète les kiwis <u>pour Christine</u>; elle est malade.

4. _____ tu téléphones tous les jours, Magali?

 Je téléphone <u>à Brigitte</u>; c'est ma meilleure (beste) copine.

5. _____ Rolf achète des souvenirs?

 Il achète des souvenirs <u>pour ses parents</u>.

6. _____ tu vas à la discothèque, Katrin?

 Je vais <u>avec Frédéric</u>.

C Fragen mit Fragewort ohne *est-ce que*

Nicht immer kann die *est-ce que*-Formel benutzt werden, so zum Beispiel bei Fragen nach dem Subjekt.

- **Frage nach dem Subjekt (hier: Personen)**

	Subjekt		Prädikat	Objekt/adverbiale Bestimmung
	Brigitte		est	la copine de Magali.
	Frédéric		écoute	une cassette.
	Mme Lecarpentier		travaille	à l'école.
wer	**Qui**		est	la copine de Magali?
			écoute	une cassette.
			travaille	à l'école?

4 Stelle die richtigen Fragen, und benutze dabei nur das Fragewort *qui*.

Questions: Réponses:

1. <u>Qui est Katrin</u> ?

                                Katrin est la correspondante de Magali.

2. _____?

                                Frédéric aime la musique.

3. _____?

                                Yves? C'est l'ami de Frédéric.

4. _____?

                                C'est Mme Lecarpentier.

5. _____?

                                Le professeur parle à Brigitte.

6. _____?

                                Gilles est l'animateur de la M.J.C.

7. _____?

                                Ce sont les grands-parents de Magali.

● Fragen mit Fragewort und Inversion

Diese Frageform ist nicht ganz einfach. Das folgende Schaubild zeigt dir, wie die Inversion (Umstellung) gebildet wird:

		Subjekt	Prädikat	Objekt/adverbiale Bestimmung
		Yves	fait	ses devoirs.
was	Que	fait	Yves?	(hiernach wird gefragt)
	Fragewort	Prädikat	Subjekt	

Steht das Subjekt nach dem Prädikat, spricht man von Inversion.

Weil die Frageform mit Inversion nicht ganz einfach ist, solltest du dir zunächst drei Fälle merken, in denen die Inversion angewendet wird.

	Fragewort	Prädikat	Subjekt	Objekt/adverbiale Bestimmung
1. Fall: Das Subjekt ist ein Nomen (kein Pronomen).				
was	**Que**	fait	Brigitte?	(hiernach wird
	Que	dit	Magali?	gefragt)
2. Fall: Gefragt wird **nur** nach dem Ort.				
wo	**Où**	est	la discothèque?	(hiernach wird
	Où	sont	les disques?	gefragt)
3. Fall: Gefragt wird **nur** nach dem Preis.				
wie viel	**Combien**	coûte	la glace?	(hiernach wird
	Combien	coûtent	les croissants?	gefragt)

Die folgende Besonderheit musst du dir hierbei merken:
Wird im 2. und 3. Fall nach

dem Ort
dem Preis $\Big\}$ im Zusammenhang mit einer Tätigkeit

gefragt, dann musst du die *est-ce que*-Formel mit der Satzstellung Subjekt – Prädikat (wie im Aussagesatz) benutzen.

Où **est-ce que** tu **danses**?
Combien **est-ce que** tu **paies** pour la discothèque?

5 Magali telefoniert mit ihrer Tante Amélie, die ein bisschen schwerhörig ist. Als Magali über ihre Austauschpartnerin Katrin berichtet, muss Tante Amélie immer nachfragen.

Formuliere die Fragen mit dem Fragewörtern *qui, que, où, combien*. Überlege, wann du die *est-ce que*-Formel benutzen musst.

zzzzzzz habite à Düsseldorf.

Qui habite à Düsseldorf?

1. Maintenant Katrin zzzzz une lettre.

_____

2. Ses parents sont à zzzzzzzzz

_____

3. zzzzzzzz est en Angleterre.

_____

4. Mes parents disent zzzzzzzz

_____

5. Son père travaille à zzzzzzz

_____

6. Rolf et Yves font zzzzzzz

_____

7. Ce soir, elle va à zzzzzzz

_____

8. Le train jusqu'à (bis nach) Düsseldorf coûte zzzzzz

_____

Test

I. Un reportage au marché

Rolf und Katrin machen eine Reportage auf dem Markt von Montmartre. Auf einem Blatt haben sie sich Notizen gemacht, wen sie fragen und welche Fragen sie stellen wollen. Als Erstes sprechen sie einen Kunden an, dann eine Kundin und schließlich Mme Martin, die Marktfrau.

1. un monsieur
    a) acheter, aujourd'hui, que
    b) payer pour les fraises, combien
    c) être bon marché, les aubergines (Entscheidungsfrage)
    d) acheter, l'ananas, pour qui

2. une dame
    a) aimer le marché (Entscheidungsfrage)
    b) faire les courses, avec qui
    c) prendre pour le repas, que
    d) le stand de Mme Martin, où

3. Mme Martin
    a) être au marché, quand
    b) vendre des artichauts, aujourd'hui (Entscheidungsfrage)
    c) coûter, les tomates, combien
    d) offrir une poire, à qui

1. Bonjour, monsieur.

   a) *Qu'est-ce que vous achetez aujourd'hui?*

   b) _____

   c) _____

   d) _____

2. Bonjour, madame.

   a) _____

   b) _____

   c) _____

   d) _____

3. Bonjour, madame Martin.

   a) _____

   b) _____

   c) _____

   d) _____

Pro Satz zwei Punkte – ein Punkt Abzug pro Fehler.

22 points

7 Die Verneinung
La négation

A Die Verneinungsformel *ne … pas*
B Das Verneinungsadverb *pas de*
C Weitere Verneinungsformeln

A Die Verneinungsformel *ne … pas*

M. Lecarpentier **ne** rentre **pas** à la maison.	M. Lecarpentier geht **nicht** nach Hause.
Brigitte **ne** prend **pas** le métro.	Brigitte nimmt **nicht** die U-Bahn.
Magali **n'**écrit **pas** à ses parents.	Magali schreibt ihren Eltern **nicht**.

Anders als im Deutschen brauchst du im Französischen für die Verneinung zwei Teile: *ne* und *pas.*

Brigitte **ne** va **pas** au cinéma.

Die Verneinungswörter *ne… pas* umschließen das konjugierte Verb wie eine Klammer. Vor einem Vokal oder einem stummen *h* wird *ne* zu *n'*:

Elle **n'é**crit pas.   Il **n'h**abite pas à Paris.

1 Qu'est-ce qu'on fait?

1. Katrin: Est-ce qu'on va au Louvre?

   Magali: Non, *on ne va pas au Louvre,* on va au quai (Ufer) de la Seine.

2. Yves: Je prends le métro.

   Brigitte: Non, _____, je prends le bus.

3. Brigitte: Frédo, est-ce que tu fais les grands magasins (Kaufhausbummel)

   avec moi?

   Frédéric: Non, _____

   _____, je fais une visite à la Villette.

4. Frédéric: J'aime Montmartre.

   Magali: Non, _____.

5. Magali
   et Katrin: Est-ce que nous allons dans un salon de thé?

   Frédéric
   et Rolf: Non, _____

   _____, nous allons au cinéma.

6. Brigitte
   et Katrin: Est-ce que l'ascenseur (Aufzug) de la tour Eiffel marche?

   Yves: Non, _____,

   nous prenons l'escalier.

7. La mère
   d'Yves: Est-ce que tu vas au marché pour acheter des fruits?

   Yves: Non, _____,

   je vais au café-tabac pour acheter la revue *Tour de France.*

B Das Verneinungsadverb *pas de*

Rolf et Yves font le marché (gehen auf den Markt).

> Ils demandent **une** salade, mais la marchande n'a **pas de** salade.
> Ils demandent **des** pommes, mais elle n'a **pas de** pommes.
> Ils cherchent **un** ananas, mais elle n'a **pas d'**ananas.

Die unbestimmten Artikel *un, une, des* werden in der Verneinung zu *de* oder *d'* (kein, keine).

2 Au bazar de la plage
  Wähle jeweils einen der vier Satzanfänge aus.

1. Vous avez des timbres (Briefmarken)?

   Non, monsieur, *nous n'avons pas de timbres*. Vous achetez des timbres à la poste.

2. Je voudrais bien avoir (ich hätte gerne) deux baguettes.

   Mais, monsieur, _____ _____, allez à la boulangerie.

3. Où sont les appareils photo?

   _____ _____, allez dans un magasin de photo.

4. Je cherche un journal
   _____

   de sport.
   _____.

5. Est-ce que vous avez un
   Mais non, monsieur, _____

   maillot de bain (Badeanzug)
   _____

   pour ma femme?
   _____. Allez dans

   une boutique.

6. Est-ce que vous avez des
   Je regrette, monsieur, _____

   lunettes de soleil (Sonnenbrille)?
   _____.

7. Je voudrais bien avoir
   Non, monsieur, _____

   une glace.
   _____.

Ça alors, vous n'avez rien!

Leider musst du bei der Verwendung des Verneinungsadverbs noch ein paar Ausnahmen beachten.

Ah! Toujours des exceptions!

Rolf: Voilà une salade!	
Yves: Ecoute, ce n'**est pas une** salade, c'est un artichaut.	*être* → unbestimmter Artikel
Yves: Tu aimes les pommes?	
Rolf: Non, je n'**aime pas les** pommes.	*aimer* → bestimmter Artikel

Trotz der Verneinung bleibt bei *être* der unbestimmte Artikel und bei *aimer* der bestimmte Artikel erhalten.

3 Magali et Katrin font des courses aux Galeries Lafayette (große Kaufhauskette in Frankreich).

1. Katrin: Est-ce que c'est une cassette?

   Magali: Mais non, _____,

             c'est un disque compact.

2. Katrin: Regarde, tu aimes les lunettes de Lacoste?

   Magali: Non, _____.

3. Katrin: Est-ce que ce sont des cartes postales?

   Magali: Mais non, _____

             _____, c'est un livre sur Paris.

4. Katrin: Ton père, il aime le parfum?

   Magali: Bien sûr que non, _____

             _____, mais il aime peut-être un gel pour la

             douche.

5. Katrin: Ah, voilà des citrons!

   Magali: Mais non, Katrin, _____

             _____, ce sont des fruits confits (Konfekt).

Merke dir auch folgende Ausdrücke, bei denen die Regel –
nach *pas* steht *de* – nicht gilt!
Am besten lernst du diese Ausdrücke auswendig.

Je n'ai pas le temps.	Ich habe keine Zeit.
Je n'ai pas soif.	Ich habe keinen Durst.
Je n'ai pas faim.	Ich habe keinen Hunger.
Je n'ai pas peur.	Ich habe keine Angst.

Ça va vite!

C Weitere Verneinungsformeln

Außer der Verneinungsformel *ne … pas* (nicht) gibt es wie im Deutschen noch andere
Möglichkeiten der Verneinung.
Hier ein Überblick über diese Verneinungsformeln:

bejaht			verneint	
etwas	quelque chose	↔	ne… rien	nichts
noch	encore	↔	ne… plus	nicht mehr
noch etwas	encore quelque chose	↔	ne… plus rien	nichts mehr
schon	déjà	↔	ne… pas encore	noch nicht
immer	toujours	↔	ne… jamais	niemals
jemand	quelqu'un	↔	ne… personne	niemand
ich auch	moi aussi	↔	moi non plus	ich auch nicht
du auch	toi aussi	↔	toi non plus	du auch nicht

Hier gilt ebenfalls die Regel: Aus *un, une, des* wird in der Verneinung *de.*

Tu as **des** problèmes?

Moi, je n'ai jamais **de** problèmes.

4 Après la visite de Montmartre, Magali et Katrin rentrent à la maison.
Setze hier die richtige Verneinungsformel ein.

1. Mme Genêt: Tu manges
   encore quelque chose?   Magali: Non, merci, *je ne mange rien.*

   Et toi, Katrin?   Katrin: Merci, _____,
   moi non plus.

2. Magali: Est-ce que tu   Mme Genêt: Non, _____
   as encore des crêpes?
   _____.

3. Magali: Est-ce que   Mme Genêt: Non, ton père _____
   papa est déjà là?
   _____.

On sonne, Magali ouvre.

4. Mme Genêt: Il y a quelqu'un?   Magali: Non, _____.

5. Magali: On fait encore quelque chose?   Katrin: Non, _____
_____. Je suis trop fatiguée (zu müde).

On sonne encore. C'est M. Genêt. Il ne trouve pas ses clés.

6. Mme Genêt: Tu es toujours en retard (zu spät).   M. Genêt: Mais non, _____
en retard.

Test

I. Le petit traducteur
Die kleine Schwester von Frédéric, Cloclo, ist mit nichts einverstanden.

1. Sie isst ihren Reis (riz *m*) nicht.

_____

2. Sie spielt nicht mehr mit dem Ball.

_____

3. Sie sagt: «Ich trinke keinen Tee!»

_____

4. «Ich habe keinen Durst.»

_____

5. Sie bleibt niemals in ihrem Zimmer.

_____

6. Sie schaut sich ihr Buch nicht an. (regarder)

_____

7. Sie mag keine Kartoffeln.

_____

8. Sie mag nichts! (aimer)

_____

9. Sie hat keinen Hunger.

_____   18 points

II. Un peu de science-fiction

Yves größter Wunsch ist es, Astronaut zu werden. Nun träumt er, dass er zum Planeten Mars geflogen ist.

Sur la planète Mars c'est bien différent! (Auf dem Planeten Mars ist alles anders!)

Sur terre:	Sur Mars:
1. On entend quelque chose, par exemple des chansons.	*On n'entend rien.*
2. On dort la nuit (in der Nacht).	_____
3. Il y a des chats et des chiens (Hunde).	_____
4. Les élèves vont à l'école.	_____
5. On voit beaucoup de monde (viele Menschen) dans les rues.	_____
6. Les jeunes écoutent toujours la radio.	_____
7. On danse à la discothèque.	_____
8. Les enfants de six ans lisent déjà.	_____
9. On a toujours faim.	_____
10. Les jeunes aiment la glace.	_____
11. On trouve encore des fleurs.	_____

Ah non, je ne reste plus sur Mars! Je retourne sur la terre.

10 points

8 Die Verben im Präsens (3)
Les verbes au présent

A Besonderheiten der Verben auf *-er*
B *faire* und *dire*

A Besonderheiten der Verben auf *-er*

Einige Verben auf *-er* verändern im Präsens ihren Wortstamm, während die Endungen regelmäßig sind.

	Stamm	Endung
So wird zum Beispiel		
aus dem Infinitiv	achet	er
in der 1. Person Singular	j'achèt	e.

Es gibt vier Verbtypen, bei denen sich der Wortstamm verändert.

● **Typ 1**

acheter (kaufen)			Genauso werden konjugiert:
j'	achète		peser (wiegen)
tu	achètes		se lever (aufstehen)
elle/il/on	achète		se promener (spazieren)
nous		achetons	
vous		achetez	
elles/ils	achètent		
	stammbetont	endungsbetont	

Für diese Verben gilt:
• Ist der Wortstamm betont, wird die vorletzte Silbe verstärkt (a**chè**te).
• Ist die Endung betont (ache**tons**, ache**tez**), bleibt der Stamm wie im Infinitiv.

1 Vervollständige mit der passenden Form von *peser, acheter* oder *se promener*.

1. Nicole _____ des fruits au marché.   acheter

2. La marchande _____ les fruits.   peser

3. Nous _____ des bananes.   acheter

4. Les touristes se _____ sur le marché.   se promener

5. «Clotilde, _____ un pain, s'il te plaît!»   acheter

6. J'_____ toujours mes légumes au marché.   acheter

7. «Madame, vous me _____ cette pastèque (Wasser-   peser

   melone), s'il vous plaît!»

● Typ 2

	appeler (rufen, anrufen)		Genauso:
j'	appelle		s'appeler (heißen)
tu	appelles		jeter (werfen)
elle/il/on	appelle		épeler (buchstabieren)
nous		appelons	
vous		appelez	
elles/ils	appellent		
	stammbetont	endungsbetont	

Für diese Verben gilt:
• Ist der Wortstamm betont, wird der Konsonant der vorletzten Silbe verdoppelt.
• Ist die Endung betont, bleibt der Stamm wie im Infinitiv.

2   Vervollständige die Verbformen. Achte bei Betonung des Stamms auf die Verdop-
    pelung der vorletzten Silbe.

1. Je m'appel_____ Michèle Mouteau.

2. Epel_____ ton nom, s'il te plaît!

3. Frédéric appel_____ son ami Yves.

4. On ne jet_____ pas les papiers dans la rue!

5. Comment est-ce que vous vous appel_____?

6. Les enfants! Ne jet_____ pas vos chewing-gums par terre!

7. Range tes affaires ou bien je jet_____ tout à la poubelle (Papierkorb).

● **Typ 3**

	payer (bezahlen)		Genauso:
je	paie		essayer (versuchen)
tu	paies		balayer (fegen)
elle/il/on	paie		s'ennuyer (sich langweilen)
nous		payons	
vous		payez	
elles/ils	paient		
	stammbetont	endungsbetont	

Für diese Verben gilt:
• Ist der Wortstamm betont, wird aus dem *y* im Stamm ein *i*.
• Ist die Endung betont, bleibt der Stamm wieder wie im Infinitiv.

3   Trage die Einzahl oder Mehrzahl der jeweiligen Verbformen ein.

je paie   nous _____

tu _____   vous essayez

elle balaie   elles _____

je _____   nous balayons

● **Typ 4**

	commencer (beginnen)	Genauso:	**manger** (essen)	Genauso:
je	commence	lancer (werfen)	mange	plonger (tauchen)
tu	commences		manges	changer (tauschen/
elle/il/on	commence		mange	umsteigen)
nous	commen**ç**ons		mang**e**ons	ranger (aufräumen)
vous	commencez		mangez	
elles/ils	commencent		mangent	

Bei diesen Verben muss der Stamm bei der 1. Person Plural beachtet werden. Nur hier verändert er sich.

4   Vervollständige die folgenden Verbformen.

1. je commenc_____   5. nous plong_____   9. tu chang_____

2. tu rang_____   6. nous rang_____   10. ils mang_____

3. vous mang_____   7. vous commenc_____ 11. nous chang_____

4. tu lanc_____   8. nous lanc_____   12. vous plong_____

66

Eigentlich ist es gar nicht so schwer. Auch die Besonderheiten haben ihre Regel-mäßigkeiten.
Nun mischen wir alle diese Formen, um zu sehen, ob du sie alle beherrschst.

5   Vervollständige die folgende Tabelle.

Einzahl	Mehrzahl	Infinitiv
1. je paie	_____	_____
2. tu achètes	_____	_____
3. _____	elles essaient	_____
4. _____	ils pèsent	_____
5. je nage	_____	_____
6. je lance	_____	_____
7. _____	ils appellent	_____
8. tu épelles	_____	_____
9. balaie!	_____	_____
10. _____	vous jetez	_____

B *faire* und *dire*

Die Verben *faire* und *dire* sind besonders tückisch in der 2. Person Plural.

	faire (machen)		dire (sagen)
je	fais	je	dis
tu	fais	tu	dis
elle/il/on	fait	elle/il/on	dit
nous	faisons	nous	disons
vous	faites	vous	dites
elles/ils	font	elles/ils	disent

Ganz einfach: *vous êtes, vous faites* und *vous dites* sind die drei Ausnahmen der *vous*-Form, die du dir merken musst.

Es ist aber alles nur halb so schlimm. Da du diese Verben ständig brauchst, werden sie dir schnell geläufig sein.

6   Trage die richtige Verbform ein.

1. Qu'est-ce qu'on _____ aujourd'hui?   faire

2. Tu _____ des maths avec moi?   faire

3. Non, je _____ de la physique.   faire

4. Mais, qu'est-ce que tu _____ là?   dire

5. Pardon, que _____-vous?   dire

6. Mais qu'est-ce qu'ils _____?   faire

7. Eh, _____-donc, Frédéric et Yves! Qu'est-ce   dire

   que vous _____ avec un ballon de foot dans   faire

   la salle de séjour?

Test

I. Cherche les erreurs.
    Hier haben sich falsche Formen eingeschlichen. Kreuze die fehlerhaften Formen an und berichtige sie.

☐   1. tu achetes _____   ☐   8. nous disons _____

☐   2. il lis _____   ☐   9. vous disez _____

☐   3. je dis _____   ☐ 10. nous faisons _____

☐   4. il appelle _____   ☐ 11. vous faites _____

☐   5. ranges! _____   ☐ 12. ils faitent _____

☐   6. nous mangons _____   ☐ 13. il jete _____

☐   7. elles mangent _____   ☐ 14. nous jetons _____

| 7 points

II. Régime et pastèques (Diät und Wassermelonen)
   Vervollständige mit der konjugierten Verbform.

Magali est dans sa chambre. Elle écoute une cassette de rock. Sa mère

l'_____¹ (appeler): «Magali, tu _____² (faire) les courses pour moi?»

«D'accord, maman. Qu'est-ce que j'_____³ (acheter)?»

«Regarde la liste (Einkaufszettel)! Ah, et _____⁴ (acheter) aussi une pastèque

(Wassermelone), une petite!»

Magali arrive au marché. La voilà au stand de Mme Lemouchel, la marchande de fruits

et légumes. «_____⁵ (changer) de vie! _____⁶ (manger) des

fruits!» _____⁷ (dire) Mme Lemouchel.

«Ah, bonjour, mademoiselle Magali. Qu'est-ce que vous _____⁸ (acheter)

aujourd'hui?»

«Bonjour, madame. Vous me _____⁹ (peser) une petite pastèque, s'il vous

plaît.»

A côté, M. et Mme Letellier _____¹⁰ (faire) de la réclame (werben) pour leurs

vêtements. «Foire à 10 €! _____¹¹ (essayer) nos jeans et nos pulls!»

«Pardon, qu'est-ce que vous _____¹² (dire), Magali?»

«Je _____¹³ (dire) que j'_____¹⁴ (acheter) une petite pastèque et un kilo

d'abricots.»

Mme Lemouchel a juste une pastèque. C'est la dernière (die letzte). Elle la

_____¹⁵ (peser). «Ça _____¹⁶ (faire) 5 € francs avec les abricots.»

Magali _____¹⁷ (payer). Elle rencontre Frédéric et Clotilde.

«Salut, vous deux! Vous _____¹⁸ (faire) les courses, vous aussi? Qu'est-ce que

vous _____¹⁹ (acheter) de beau?»

«Une pastèque! Maman _____²⁰ (faire) un régime et tous les jours nous

_____²¹ (manger) de la pastèque», dit Yves.

«Pas aujourd'hui, voilà la dernière pastèque de Mme Lemouchel. _____²²

(acheter) des pommes de terre et _____²³ (faire) des frites!»

«Bonne idée», _____²⁴ (dire) Frédéric et Clotilde.

24 points

9 Die Objektpronomen
Les pronoms objets

A Die direkten Objektpronomen
B Die indirekten Objektpronomen
C Die Objektpronomen im verneinten Satz

A Die direkten Objektpronomen

direktes Objekt	direktes Objektpronomen
Tu prépares **le café**?	Oui, je **le** prépare.
Tu répares **la radio**?	Oui, je **la** répare.
Tu achètes **le journal**?	Oui, je **l'**achète.
Tu cherches **les photos**?	Oui, je **les** cherche.

In diesem kurzen Dialog wurde das direkte Objekt jeweils durch ein direktes Objektpronomen ersetzt.

Um das direkte Objekt durch ein Pronomen zu ersetzen, verwendet man

le   für männliche Nomen (ihn),
la   für weibliche Nomen (sie),
les für männliche/weibliche Nomen im Plural (sie).

Le und *la* werden vor einem Vokal zu *l'*.

Achte auf die Stellung des Objektpronomens im Satz.

Magali		regarde	**la revue.**	direktes Objekt
Magali	**la**	regarde.		direktes Objektpronomen

Im Französischen stehen die Objektpronomen in der Regel vor dem konjugierten Verb.

1 Un tour sur la tour Eiffel

Madame Michelle, einige ihrer Deutschschüler und deren Austauschschüler aus Deutschland wollen auf den Eiffelturm. Ersetze das unterstrichene direkte Objekt durch das entsprechende Objektpronomen.

1. Magali: Katrin, tu vois (siehst) la tour Eiffel?

   Katrin: Oui, je _____ vois.

2. Frédo: On prend les billets pour monter?

   Rolf: Bien sûr, on _____ achète à la caisse.

3. Magali: Où est l'ascenseur?

   Yves: A gauche, voilà. Tu _____ vois?

En haut (oben) de la tour Eiffel.

4. Frédéric: Rolf, tu vois la cathédrale Notre-Dame?

   Rolf: Bien sûr, je _____ vois.

Magali et Katrin ont soif. Un vendeur de boissons arrive.

5. Magali: Madame! Nous avons soif! Nous achetons les boissons maintenant?

   Mme Michelle: Ah non, ici c'est trop cher! Nous _____ prenons en bas (unten).

6. Magali: Zut, je n'ai plus mon appareil photo! Où est-ce qu'il est?

   Frédéric: Mais regarde, Magali! Moi, je _____ ai!

Bis jetzt hast du die direkten Objektpronomen der 3. Person Singular und Plural kennengelernt. Es fehlen noch die Formen für die 1. und 2. Person Singular und Plural.

Tu **me**	comprends?	(mich)
Je **te**	cherche.	(dich)
Tu **nous**	invites.	(uns)
Je **vous**	cherche.	(euch/Sie)

Ah, bon!

Auch hier gilt:
- Das Objektpronomen steht vor dem konjugierten Verb.
- *me* und *te* werden vor einem Vokal zu *m'* und *t'*.

Die Form des Verbs richtet sich natürlich weiterhin nach dem Subjekt des Satzes. (**Je** te cherch**e**.)

2 Vervollständige die Sätze mit den Pronomen *me, te, nous, vous.*

1. Magali aime Rolf.

   Magali: Est-ce que Rolf _____ aime aussi?

   Brigitte: Mais oui, il _____ aime!

2. Après la visite de la tour Eiffel, Mme Michelle ne voit (sieht) plus ses élèves.

   Mme Michelle: Où est-ce que vous êtes? Je _____ cherche!

3. Katrin: Paris est magnifique. Je veux rester plus longtemps (länger). Tu _____

   comprends?

   Magali: Mais oui, je _____ comprends.

4. Magali à Mme Michelle: Vous avez des problèmes, madame? Un moment, je

   _____ aide.

5. Yves à Brigitte: Samedi, c'est l'anniversaire de Frédéric. Il _____ invite.

6. Rolf et Katrin à Yves et Brigitte: Ah, vous êtes là. Nous _____ cherchons de-

   puis dix minutes!

7. Le professeur aux élèves: Alors, vous _____ écoutez maintenant?

B Die indirekten Objektpronomen

	indirektes Objekt	indirektes Objektpronomen
Tu montres le Louvre **à Rolf**?		Oui, je **lui** montre le Louvre.
Tu donnes le journal **aux parents**?		Bon, je **leur** donne le journal.

In den Fragen oben steht nach dem direkten Objekt jeweils noch ein indirektes Objekt.

Das indirekte Objekt (wem) besteht jeweils aus à (+ Artikel) + Person.
Auch das indirekte Objekt kann durch ein Objektpronomen ersetzt werden.

Wird das indirekte Objekt durch ein Pronomen ersetzt, verwendet man

lui für Nomen im Singular (ihm/ihr)
leur für Nomen im Plural (ihnen/ihnen)

Das indirekte Objektpronomen hat im Singular und im Plural jeweils nur eine Form.

Il		montre le Louvre **à Rolf**.
Il	**lui**	montre le Louvre.
Tu		téléphones **à Katrin**?
Tu	**lui**	téléphones?
Il		offre des gâteaux **aux amis**.
Il	**leur**	offre des gâteaux.

Auch die indirekten Objektpronomen stehen in der Regel vor dem konjugierten Verb.

3 Wandle die Sätze um: Ersetze das indirekte Objekt durch ein indirektes Objektpronomen.

1. Magali offre une glace <u>à Rolf</u>.

   _____

2. La famille Genêt montre le château de Versailles à <u>Rolf et Katrin</u>.

   _____

3. Une dame explique le chemin (Weg) <u>à Magali</u>.

   _____

4. Katrin apporte des fleurs <u>aux Genêt</u>.

   _____

5. Frédéric prête (leiht) son appareil photo <u>à Yves</u>.

   _____

6. Rolf écrit <u>à ses parents</u>.

   _____

Du siehst, es ist gar nicht schwer! Aber nun musst du darauf achten, dass du Folgendes nicht verwechselst:

das indirekte Objektpronomen	**leur**
mit den Possessivbegleitern	**leur** (ein Besitzgegenstand) und
	leurs (mehrere Gegenstände)

4   *leur* oder *leurs*?

In den folgenden Sätzen haben sich einige Fehler eingeschlichen. Kreuze an, ob die Schreibweise von *leur/leurs* richtig oder falsch ist. Trage gegebenenfalls die richtige Form ein, und kreuze an, ob *leur/leurs* ein Objektpronomen oder ein Possessivbegleiter ist.

	r.	f.	richtige Form	Objekt-pron.	Poss.-begl.
1. Rolf veut aller chez les Genêt. Mais il ne trouve pas leurs rue.		x	*leur*		x
2. Mme Michelle et ses élèves sont dans le centre de Paris. Aujourd'hui, elle leurs montre le Louvre.					
3. Magali et Frédéric n'ont pas leurs appareil photo.					
4. A cinq heures, ils rentrent à la maison. Mme Genêt leurs prépare des crêpes.					
5. Rolf veut téléphoner à ses parents. «Je leur téléphone après 20 heures. C'est moins cher!»					

Auch bei den indirekten Objektpronomen fehlen uns nun noch die Formen für die 1. und 2. Person Singular und Plural. Erfreulicherweise sind sie die gleichen wie die für die direkten Objektpronomen.

Tu	**me**	réponds?	(mir)
Je	**te**	réponds.	(dir)
Il	**nous**	offre un coca.	(uns)
Je	**vous**	raconte une histoire.	(euch/Ihnen)

5 Le petit déjeuner chez les Lecarpentier

In den folgenden Sätzen fehlen diese Objektpronomen:

me – 1x   *nous* – 3x   *te* – 1x   *vous* – 3x

1. M. Lecarpentier: Où est le café, chérie?

   Mme Lecarpentier: Attends, je _____ donne le café tout de suite.

2. M. Lecarpentier: Qu'est-ce que vous prenez, Frédéric et Clotilde?

   Je _____ prépare des œufs comme pour Rolf?

3. Clotilde: Ah, non! Pas le matin! Donne-_____ un bol de chocolat comme

   d'habitude (wie üblich).

4. Rolf: Mais attendez! Regardez! Je _____ montre comment (wie) je prépare

   les œufs pour le petit déjeuner!

5. Mme Lecarpentier: Frédéric, tu _____ apportes les croissants, s'il te plaît!

6. Frédéric va dans la cuisine mais il ne voit pas les croissants: Oui, mais

   tu _____ dis où ils sont. Ils ne sont pas sur la table de la cuisine!

7. Mme Lecarpentier: Ah, excuse-moi! Ils sont déjà là! Mais il manque (es fehlt)

   encore le beurre. Tu _____ l'apportes?

8. Frédéric: Oui, je _____ l'apporte tout de suite.

6 Direktes oder indirektes Objekt?
Nun werden wir alle diese Formen mischen. Zunächst sollst du die Satzelemente in die richtige Reihenfolge bringen. Vergiss dabei nicht *me, te, le, la* zu apostrophieren, wenn es nötig ist. Kreuze dann an, ob das Objektpronomen ein direktes oder ein indirektes Objektpronomen ist.

	dir.-Obj.-pron.	indir. Obj.-pron.
1. Madonna,/la/je/aime/!	☒	☐
Madonna, je l'aime!		
2. écris/tu/une carte/me/?	☐	☐
3. leur/Mme Michelle/les curiosités/explique/de Paris	☐	☐
4. des crêpes/vous/fais/à cinq heures/je	☐	☐
5. tu/aussi/les/invites/?	☐	☐
6. après le cinéma/une glace/vous je/offre	☐	☐
7. promis! (versprochen)/téléphone/te/demain/je	☐	☐
8. les enfants,/écrivez/nous/vous/?	☐	☐
9. écrivons/bien sûr,/vous/nous	☐	☐
10. souvent (oft)/leurs/leur/parents/téléphonent	☐	☐

C Die Objektpronomen im verneinten Satz

Brigitte **ne** voit **pas le bateau.**	Magali **ne** téléphone **pas à ses parents.**
Brigitte **ne le** voit **pas.**	Magali **ne leur** téléphone **pas.**

Bei der Verneinung umschließen die beiden Elemente *ne* und *pas* (oder *plus, jamais,* usw.) nicht nur das konjugierte Verb, sie nehmen auch noch das jeweilige Objektpronomen mit hinein.

Also: Das Objektpronomen steht direkt vor dem Verb, *ne* und *pas* umschließen das Objektpronomen und das Verb.

	ne	Objekt-pronomen	Verb	*pas*
Brigitte	**ne**	le	voit	**pas.**

7 Antworte auf die folgenden Fragen mit der Verneinung. Suche dabei für die jeweils unterstrichene Form das richtige Objektpronomen.

1. Mme Genêt: Tu ne rencontres pas <u>ton ami</u>, Magali?

   Magali: Non, je _____.

2. Yves: Brigitte, est-ce que tu <u>me</u> prêtes (leihst) ton baladeur?

   Brigitte: Ah, ça non, _____ mon baladeur!

3. Rolf: On offre des fleurs <u>à Mme Michelle</u>?

   Yves: Non, _____,

   on achète des pralines! Elle est gourmande!

4. M. Lecarpentier: Frédéric! Cinq en maths et histoire! Est-ce que tu écoutes tou-

   jours <u>tes professeurs</u>?

   Frédéric: Ben, euh, … non, _____.

5. Brigitte: Pépère (Opa), tu <u>nous</u> prépares des crêpes?

   Le grand-père: Non, pas maintenant, _____

   _____, je suis trop fatigué.

6. Brigitte: Est-ce que tu téléphones <u>à tes parents</u>, Yves?

   Yves: Non, _____:

   Ils ne sont pas à la maison.

Test

I. La maison des pronoms

Trage dir als Hilfe für die kommende Übung in das Haus der Pronomen die direkten und indirekten Objektpronomen ein. Schau dir dazu die Tabellen mit den Pronomen noch einmal an. Es ist ja gar nicht so schwer.

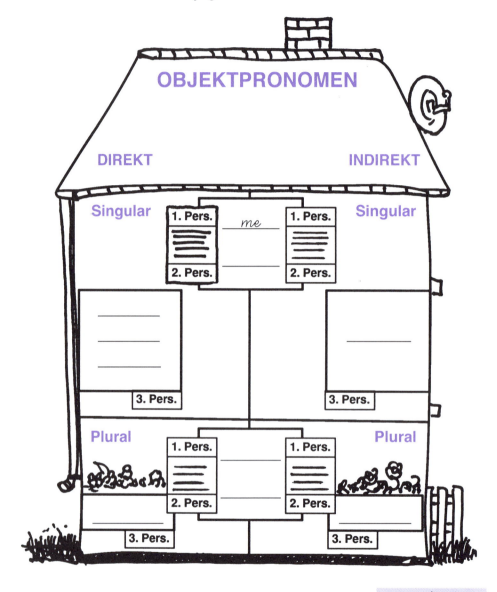

9 points

II. La famille Genêt prépare un pique-nique.
Unterstreiche in den folgenden Sätzen zunächst das direkte bzw. das indirekte Objekt. Ersetze es dann in der Antwort durch das richtige Objektpronomen. Achte dabei auf die richtige Satzstellung und die richtigen Verbformen.

1. Magali: Est-ce qu'on prend le panier (Korb)?

   Mme Genêt: Bien sûr, on _____.

2. Mme Genêt: Magali, tu achètes six bouteilles de limonade chez l'épicier?

   Magali: D'accord, _____.

3. Mme Genêt: Et qui donne à manger à Clochard?

   Katrin: Moi, je _____.

4. Magali: Maman, est-ce que tu as les verres?

   Mme Genêt: Non, _____.

5. Katrin: Magali, tu téléphones à Rolf et Frédéric?

   Magali: Eh, non. Je _____.

   Fais-le, Katrin! Tu es en France pour parler français!

6. Katrin: Madame Genêt, vous m'aidez, s'il vous plaît?

   Mme Genêt: Mais oui, Katrin, _____.

7. M. Genêt: Chérie, on prend le parasol (Sonnenschirm)?

   Mme Genêt: Mais non, _____.

   Il y a des arbres (Bäume) dans la forêt (Wald)!

   Le téléphone sonne. C'est Frédéric.

8. Frédéric: Allô! Ici Frédéric et Rolf. Est-ce que vous nous attendez?

   Katrin: Pardon, ici Katrin. Parle moins vite Frédo!

9. Frédéric: Ah, Katrin, salut! Tu appelles Magali, s'il te plaît?

   Katrin: Oui, je _____.

   Frédéric: Allô, Magali! Vous nous attendez?

10. Magali: Bien sûr! _____.

18 points

79

10 Die Präpositionen
Les prépositions

A Die Präpositionen des Ortes
B Die Stellung der Präpositionen im Satz
C Die Präpositionen der Zeit

A Die Präpositionen des Ortes

In der folgenden Liste findest du die wichtigsten Präpositionen:

Magali est **à** la maison.	(in, zu, an)
Le chat est **dans** la cuisine.	(in)
Le bol de lait est **sur** la table.	(auf)
Le chat est **sous** la table.	(unter)
Les chaussures sont **derrière** le fauteuil.	(hinter)
Cloclo est **devant** la télé.	(vor)
La chaise est **entre** l'armoire **et** la télé.	(zwischen… und)
Yves arrive **chez** les Genêt.	(zu, bei)
La boulangerie est **à gauche de** la poste.	(links von)
Le café est **à droite de** l'hôtel.	(rechts von)
Le métro est **près du** collège.	(nahe bei)
Le terrain de sport est **à côté de** l'école.	(neben)
La piscine est **loin du** centre-ville.	(weit von)

Für die Präposition „in" gibt es im Französischen zwei Möglichkeiten: *à* und *dans.*

Die Präposition *à* besagt, dass jemand irgendwo innerhalb eines Raumes oder eines Ortes ist:

Pierre est **à** la piscine.   Pierre ist (irgendwo) im Schwimmbad.

Die Präposition *dans* beschreibt den Ort genauer:

Pierre est **dans** la piscine.   Pierre ist im Schwimmbecken.

Außerdem musst du darauf achten, dass manche Präpositionen ein *de* erfordern.

	Präposition		Artikel	Nomen
Le chat est	dans		la	maison.
Le café est	à droite	**de**	l'	hôtel.
	Präposition	*de*	Artikel	Nomen

Am besten ist, du lernst bei jeder neuen Ortsbestimmung gleich mit, ob sie mit oder ohne *de* gebildet wird.

1 Brigitte räumt ihr Zimmer um und fragt nun Magali und Katrin, wo sie ihre Möbel hinstellen soll.
Du benötigst für diese Übung die Verben *mettre, poser* und einige Nomen, die du vielleicht noch nicht kennst:

le fauteuil (Sessel), le lit (Bett), le bureau (Schreibtisch), la chaîne hi-fi (Stereoanlage), l'armoire *f* (Schrank), la planche à roulettes (Skateboard), l'étagère (Bücherbrett), la vaisselle (Geschirr).

1. Brigitte: Où est-ce que je mets le fauteuil?

Eh bien, tu mets le fauteuil devant la fenêtre.

2. Brigitte: Et le lit?

Le lit? Alors,

3. Brigitte: Mais alors, mon armoire?

C'est facile,

4. Brigitte: Mais ma chaîne hi-fi?

5. Brigitte: Et la planche à roulettes? *Eh bien,* _____

_____

_____

6. Brigitte: Il y a encore ce vase italien (italienische Vase)? *Attends,* _____

_____

7. Brigitte: Mais les cahiers, le papier, les stylos? *Ah, Brigitte!* _____

_____

_____

2 Die Mutter von Brigitte, Mme Picard, arbeitet in einem Touristenbüro in Paris. In den Sommerferien kommen natürlich auch viele Deutsche in die Stadt.
Mme Picard versteht Deutsch, aber sie spricht es nicht besonders gut. Katrin und Rolf helfen heute ein bisschen beim Übersetzen.
Deine Aufgabe ist es, mithilfe der Übersetzungen Mme Picards Antworten zu ergänzen.

1. Eine Familie: Wir suchen einen Campingplatz.

Mme Picard: *Le terrain de camping est* _____

Katrin übersetzt: Der Campingplatz ist weit vom Stadtzentrum (le centre-ville) entfernt.

2. Eine Dame: Ich möchte gerne zum Kaufhaus Galeries Lafayette.

Mme Picard: _____

_____

Katrin übersetzt: Die Galeries Lafayette sind nahe bei der Oper (l'Opéra).

3. Ein junger Mann: Wo ist der Ostbahnhof (la gare de l'Est)?

   Mme Picard: _____

   _____

   Rolf übersetzt: Der Ostbahnhof ist neben dem Nordbahnhof (la gare du Nord).

4. Ein junges Mädchen: Ich habe Fieber, was kann ich tun?

   Mme Picard: _____

   _____

   Katrin übersetzt: Gehen Sie zum Arzt, er wohnt rechts vom Touristenbüro
   (l'office du tourisme).

5. Ein Mann: Wo finde ich den Eiffelturm?

   Mme Picard: _____

   _____

   Rolf übersetzt: Der Eiffelturm (la tour Eiffel) ist weit vom Touristenbüro entfernt.
   Nehmen Sie die U-Bahn.

B Die Stellung der Präpositionen im Satz

Ortsbestimmungen stehen im Französischen meist am Satzende.

> La voiture de M. Leblanc **est devant la maison.**

Wenn die Ortsbestimmung jedoch am Anfang des Satzes steht, dann musst du die
Formel *il y a* anwenden.

> **Devant la maison, il y a** la voiture de M. Leblanc.

Bezieht sich die Ortsbestimmung auf Gegenstände, dann ist es immer möglich, sie an
den Satzanfang zu stellen. Wenn sie sich aber auf Personen bezieht, dann kann sie
nur an den Anfang gestellt werden, wenn es sich um eine unbestimmte Personen-
gruppe handelt.

> **A la piscine,** il y a un terrain de jeu. (Gegenstand)
> **A la piscine,** il y a beaucoup de gens. (unbestimmte Personengruppe)
>
> Aber:
>
> M. et Mme Picard sont **à la gare.** (bestimmte Personen)

3 Bilde Sätze mit vorangestellter Ortsbestimmung.

1. des cahiers/la serviette/dans

   Dans la serviette, il y a des cahiers.

2. la salle de classe/un tableau/dans

   _____

3. l'école/une cantine/à

   _____

4. le fauteuil/un chat/sous

   _____

5. le terrain de camping/beaucoup de familles/sur

   _____

   _____

6. la gare/un cinéma/à côté

   _____

7. le Louvre/des touristes/devant

   _____

C Die Präpositionen der Zeit und Adverbien der Zeit

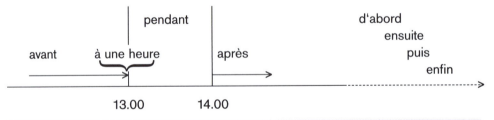

	pendant		d'abord
			ensuite
avant à une heure		après	puis
			enfin

13.00   14.00

A une heure, les quatre amis mangent chez Brigitte.	(um)
Avant le dejeuner, ils vont chercher leurs affaires de bains.	(vorher)
Pendant le déjeuner, ils s'amusent bien.	(während)
Après le déjeuner, ils prennent leurs affaires de bains.	(nach)
*__Ensuite__, ils vont à la piscine.	(dann)
*__D'abord__, ils cherchent une place pour jouer au volley.	(zuerst)
*__Puis__, ils nagent dans la piscine.	(dann)
*__Enfin__, ils rentrent à la maison.	(schließlich)

Anders als die Präpositionen des Ortes stehen die Zeitpräpositionen meist am Anfang eines Satzes und werden mit einem Komma abgetrennt. Sie können aber auch am Ende des Satzes stehen.

A une heure, les amis mangent chez Brigitte.
Les amis mangent chez Brigitte **à une heure.**

4 Ta journée

Setze die richtige Präposition bzw. Zeitbestimmung ein.

pendant la récréation		à 14 heures
puis	~~avant~~ ensuite	
d'abord	après	à huit heures
à dix heures	enfin	

1. _Avant_ les cours, je rencontre mes camarades de classe.

2. _____, les cours commencent.

3. Nous lisons des textes, _____ nous discutons.

4. _____, il y a une récréation.

5. _____, on fait des jeux.

6. _____, nous sortons de l'école.

7. _____, je fais une sieste (Mittagsschlaf).

8. _____, mes amis et moi, on joue au ping-pong.

9. _____, je fais des courses pour ma mère.

10. _____, je fais mes devoirs.

* Neben den Präpositionen der Zeit gibt es auch noch eine ganze Reihe von Adverbien der Zeit. Der Unterschied besteht darin, dass die Präpositionen immer in Verbindung mit einem Nomen stehen müssen, während die Zeitadverbien allein stehen können.

Test

I. Rolf lernt mit Magali Französisch. Er ist leider noch nicht ganz perfekt. Magali muss ihn manchmal korrigieren. Stell dir vor, du bist an ihrer Stelle. Aufgepasst! Nicht alle Sätze sind fehlerhaft.

	juste	faux
1.		x
2.		
3.		
4.		
5.		
6.		

1. Regarde, la lune est derrière de la maison.

2. Le Louvre n'est pas loin de la Seine.

3. C'est drôle, à la tour Eiffel sont toujours des touristes.

4. Est-ce que tu es déjà dans le lycée (Gymnasium)?

5. Près du musée, il y a beaucoup de cafés.

6. Regarde, sur le bateau-mouche (Seine-Dampfer) sont Brigitte, Yves et Frédéric!

Tu veux dire:

Regarde, la lune est derrière la maison.

_____

_____

_____

_____

_____

5 points

II. Le rendez-vous de Magali avec Rolf
Bringe die Satzelemente in die richtige Reihenfolge und ordne die entsprechende
Zeit- oder Ortsbestimmung zu.

a	Rolf commande deux glaces	b	Magali arrive
c	ils boivent encore un jus d'orange	d	Magali a rendez-vous avec Rolf
e	Magali prend encore un chocolat	f	Rolf invite Magali
g	Magali rentre à la maison	h	Rolf attend
	i Magali embrasse Rolf		

1 ensuite
2 avant le film
3 d'abord
4 à 20 heures 10
5 après le film
6 enfin
7 pendant le film
8 à 20 heures
9 devant le cinéma

1. _d_ _8_   4. _f_ _2_   7. _____ _____

2. _____ _____   5. _____ _____   8. _____ _____

3. _____ _____   6. _____ _____   9. _____ _____

Schreibe die Sätze nun auf.

1. _____

2. _____

3. _____

4. _____

5. _____

6. _____

7. _____

8. _____

9. _____

18 points

11 Zeitangaben
L'heure – la journée – les jours de la semaine

A Die Uhrzeit
B Der Tagesablauf
C Die Wochentage

A Die Uhrzeit

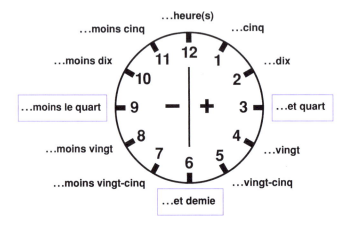

In der ersten Hälfte einer Stunde werden die Minuten zur vorhergehenden Stunde einfach hinzugefügt, und zwar ohne Konjunktion:

Il est deux heures **dix**.   Es ist zwei Uhr zehn.

Nur bei „Viertel nach" und bei der halben Stunde wird *et* dazwischengeschoben. Achte außerdem bei *demie* auf das -*e* am Ende.

Il est deux heures **et quart**.   Il est deux heures **et demie**.

In der zweiten Hälfte einer Stunde werden die Minuten von der nächsten vollen Stunde abgezogen und *moins* wird vorangestellt.

Il est trois heures **moins dix**.

Beim „Viertel" gibt es wieder eine Besonderheit, hier bekommt «quart» einen Artikel: «le quart».

Il est trois heures **moins le quart**.

Und diese beiden Wendungen solltest du dir außerdem merken:

Es ist zwölf Uhr mittags. Il est midi.
Es ist zwölf Uhr nachts. Il est minuit.

Um nach der Uhrzeit zu fragen, gibt es zwei Möglichkeiten:

1. Quelle heure est-il?
   Il est quelle heure?

Wie viel Uhr ist es?

2. Est-ce que tu as l'heure?
   Est-ce que vous avez l'heure?

1 M. Genêt est sans montre!
M. Genêt hat seine Uhr verloren. In der Stadt muss er nun immer wieder nach der Uhrzeit fragen.

Est-ce que vous avez l'heure, s'il vous plaît?

Bien sûr!

9:20 1. Bien sûr, *il est* _____

_____.

12:00 2. Oui, _____.

15:35 3. Un moment, s'il vous plaît.

_____

_____.

18:45 4. Euh, _____

_____ .

19:00 5. Oui, bien sûr, _____

_____ .

19:30 6. Un moment, s'il vous plaît, _____

_____ .

2 Corrige les fautes.
Manchmal hat M. Genêt auch ausländische Touristen gefragt. Sie konnten ihm auch helfen, aber sie machten ein paar kleine Fehler.

1. Il est douze heures.

_____

2. Il est exactement (genau) huit heures et quatre.

_____

3. Il est vingt minutes avant dix heures.

_____

4. Il est onze heures et une demie.

_____

5. Il est une heure et le quart.

_____

B Der Tagesablauf

A sept heures et demie, le grand-père de Brigitte prend sa douche.
A neuf heures, il lit son journal.
A midi, il prépare le repas.
A une heure, il fait une petite sieste (ein Mittagsschläfchen).

Aber:

Le matin, tante Amélie lit son journal.
L'après-midi, elle téléphone à son amie.
Le soir, elle regarde la télé.
La nuit, elle fait de beaux rêves (hat sie schöne Träume).

Du hast sicher erkannt:

à + … heure(s) }		wird zur Bezeichnung eines **genauen Zeitpunkts** benutzt;
le matin **le** soir **l'** après-midi **la** nuit	+	wird zur Bezeichnung einer **Zeitspanne** verwendet.

Am + Tageszeit (z. B. am Morgen) verlangt im Französischen keine Präposition, sondern nur den bestimmten Artikel: *le matin*.

3 La journée de Mme Lecarpentier
Bilde die Sätze mithilfe der Stichpunkte am Rand. Achte darauf, ob es sich um einen genauen Zeitpunkt oder eine Zeitspanne handelt.

7.15   1. *À sept heures et quart, Mme Lecarpentier prend le bus.*   Mme Lecarpentier/ prendre le bus

2. _____   Elle/donner des cours d'allemand

12.00   3. _____   rencontrer/ les collègues

4. _____   manger/discuter/ avec les collègues

16.30   5. _____   faire les courses

17.45   6. _____   M. Lecarpentier/ préparer le dîner

7. _____   On/manger/ regarder les infos

8. *Mais* _____   Mme Lecarpentier/ ne pas dormir/elle/ lire un roman policier (Kriminalroman)

4 Ta journée
   Vielleicht interessieren sich deine französische Brieffreundin oder dein kanadi-
   scher Brieffreund für deinen Tagesablauf. Wenn du die folgende Übung machst,
   hast du ein kleines Muster für eine solche Beschreibung.
   Spielregel ist, dass du aus jedem Kasten abwechselnd eine Aktivität auswählst.
   Die Uhrzeiten kannst du selbst bestimmen.

Aktivitäten zu einem ganz
bestimmten **Zeitpunkt**

Aktivitäten zu einer
bestimmten **Tageszeit**

1. prendre une douche	2. avoir cours
3. arriver à l'école	4. rencontrer les camarades
5. avoir une récréation	de classe
6. rentrer à la maison	7. faire les devoirs
9. dîner avec les parents	8. jouer avec mes amis
11. être au lit	10. regarder la télé
	12. lire une revue

1. *A sept heures et quart, je prends une douche.* _____

2. _____

3. _____

4. _____

5. _____

6. _____

7. _____

8. _____

9. _____

10. _____

11. _____

12. _____

C Die Wochentage

Aujourd'hui, on est **lundi**.
Le lundi, on a cours de huit heures
à trois heures de l'après-midi.

Aujourd'hui, c'est **jeudi**.
Le jeudi, je suis à l'atelier
de photographie.

Aujourd'hui, c'est **samedi**.
Le samedi, on va au terrain de camping.

Aujourd'hui, on est **dimanche**.
Le dimanche, je joue au foot
avec mes copains.

In der Regel stehen die Wochentage ohne Artikel.

Yves: Quand est-ce que grand-mère arrive?
Sa mère: Elle arrive **mardi**.

Geht es aber um regelmäßige Aktivitäten (mittwochs, sonntags …), dann wird der bestimmte Artikel benutzt.

Mme Picard: Quand est-ce que tu as ton cours de photographie?
Brigitte: **Le jeudi**, je vais à l'atelier de photographie.

5 Complète la grille.
Fülle die Kästchen mit den restlichen sechs Wochentagen aus.

Complète!

D
J
M
A
N
C
H
E

6 Corrige les fautes.

	juste	faux
1. Est-ce qu'on est le dimanche aujourd'hui?	☐	X
Est-ce qu'on est dimanche, aujourd'hui?		
2. Mercredi, je vais toujours à la piscine.	☐	☐
3. Au lundi, M. Breton joue aux boules.	☐	☐
4. Quel jour est-ce que vous rentrez? Nous rentrons à samedi.	☐	☐
5. Quand est-ce que tu me téléphones? Je te téléphone mardi.	☐	☐

Test

I. Complète.

In der Pariser Metro hört man viele Gespräche. Stelle aus den Wortfetzen vollständige Sätze zusammen.

1. «Je vais au cinéma. Tu viens avec moi?»

   «Non, je ne peux pas. J'ai rendez-vous

   chez le dentiste _à dix-sept heures et quart._»

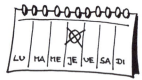

2. «On est quel jour aujourd'hui?»

   «_____»

3. «Qu'est-ce que tu fais le dimanche?»

   «_____, je dors longtemps.

   _____, je prends le petit-déjeuner.

   _____,

   je fais un tour de vélo.»

4. «Il est 19 heures. Je t'invite au restaurant, chérie!»

   «Mais non Albert! Tu sais que je ne mange jamais

   _____.»

5. «Le programme à la M.J.C. est super.

   Par exemple _____,

   il y a un atelier de photographie.»

6. «On est en retard? Quand est-ce que le cours

   d'anglais commence?»

   «Il commence _____,

   mais le prof arrive seulement _____

   _____.»

7. «Qu'est-ce que tu fais

   _____?»

   «Il y a un film intéressant au Rex

   _____.»

   «Chouette, je viens avec toi!»

   | 10 points |

12 Das Adjektiv
L'adjectif

A Adjektiv und Bezugsform
B Besondere Adjektivformen
C Die Stellung des Adjektivs

A Adjektiv und Bezugsform

un film intéressant	une idée intéressante
des films intéressants	des idées intéressantes

Das Adjektiv richtet sich im Französischen in Geschlecht und Zahl nach dem Nomen, auf das es sich bezieht.

Merke dir folgende Adjektivendungen als Grundregel:

	♂	♀		♂	♀
Singular		-e		grand	grande
Plural	-s	-es		grands	grandes

1 Setze zu den folgenden Nomen die richtige Adjektivform.

vert   grand

un pull	_____	un _____ chien
une jupe	_____	une _____ voiture
des pulls	_____	des _____ chiens
des jupes	_____	des _____ voitures

intéressant

un film	_____
une histoire	_____
des films	_____
des histoires	_____

Ça y est?

Was wäre eine Regel ohne Ausnahme? Glücklicherweise sind die folgenden Ausnahmen fast einfacher als die Regel.

Einige Adjektive enden schon in ihrer Grundform auf -e.

un village trist**e**	une ville triste
des villages tristes	des villes tristes

Wenn ein Adjektiv in seiner Grundform auf -e endet, sind die männlichen und weiblichen Formen gleich.

Andere Adjektive enden in ihrer Grundform auf -s.

un boulevard gri**s**	une rue grise
des boulevards gris	des rues grises

Wenn ein Adjektiv in seiner Grundform auf -s endet, sind die männlichen Formen im Singular und im Plural gleich.

un sac orang**e**	des sacs orang**e**
une tente orang**e**	des tentes orang**e**

Die Adjektive *orange, marron, bon marché* und *chic* bleiben in allen Formen unverändert.

2 Ergänze die richtige Adjektivform.

	jaune	gris	rouge	chic
un pantalon	_____	_____	_____	_____
une veste	_____	_____	_____	_____
des anoraks	_____	_____	_____	_____
des chaussures	_____	_____	_____	_____

3 Trage in die Tabelle die richtigen Adjektivformen ein.

	♂	♀	♂	♀
Sg		jolie	gris	
Pl				

	♂	♀	♂	♀
Sg			orange	
Pl		jeunes		

	♂	♀	♂	♀
Sg				
Pl	bleus		importants (wichtig)	

	♂	♀	♂	♀
Sg	facile (einfach)			bon marché
Pl				

B Besondere Adjektivformen

Manche Adjektive haben zwei Formen im Maskulinum Singular.

	♂	♀
Singular	un vieux camion un **vieil** anorak	une vieille voiture
Plural	des vieux camions des vieux anoraks	des vieilles voitures

Wenn das Nomen mit einem Vokal oder einem stummen *h* beginnt, werden im Maskulinum Singular besondere Formen verwendet.

♂	♀	♂	♀	♂	♀
vieux/**vieil**	vieille	beau/**bel**	belle	nouveau/**nouvel**	nouvelle
vieux	vieilles	beaux	belles	nouveaux	nouvelles

4 Wandle folgende Sätze um.

1. Cet arbre est beau. C'est un *bel arbre*.

2. Cet appareil est vieux. C'est un _____

3. Cet hôtel est nouveau. C'est un _____

4. Ton appareil est nouveau? C'est un _____

5. Ce disque est vieux. C'est un _____

5 Trage die passende Form von *beau, vieux, nouveau* ein.
Yves, Magali, Rolf und Katrin stehen vor der neuen Oper am Platz der Bastille. Sie diskutieren über die neue und die alte Architektur von Paris. Magali mag alles, was neu und modern ist, und Yves begeistert sich nur für die klassischen Gebäude.

Magali: Regarde le *nouvel* [1] opéra (Oper) de la Bastille (neu)! Il est super!

Yves: Super? Ah, non! Le _____ [2] opéra Garnier est vraiment

_____ [3] (alt/schön). Cette construction moderne ne va pas avec cette

_____ [4] place, cette _____ [5] colonne (Säule), les

_____ [6] boulevards et les _____ [7] maisons (alt, alt,

schön, schön).

Magali: Mais si! La _____ [8] architecture va très bien avec les

_____ [9] maisons (neu, alt). Mais toi, tu penses et tu parles déjà

comme un _____ [10] (alt)!

101

Folgende Adjektive musst du dir auch noch merken:

bon	bonne	(gut)
cher	chère	(lieb, teuer)
heureux	heureuse	(glücklich)
blanc	blanche	(weiß)
gentil	gentille	(nett)
gros	grosse	(dick)
long	longue	(lang)
fou	folle	(verrückt)

Encore un effort!

6 Le bal masqué
Gilles veranstaltet im M.J.C. einen Maskenball. Natürlich gehen auch unsere
Freunde mit den beiden deutschen Austauschschülern Katrin und Rolf dorthin.
Aber was ziehen sie an?

Magali: Le bal masqué, c'est une _bonne_[1] idée,   bon

mais trouver un _____[2] costume, c'est un problème.   beau

Rolf: Moi, je sais déjà. Je prends des sacs en

plastique _____[3].   bleu

Yves: Pour moi, c'est _____[4]. Je vais au bal comme   facile

coureur cycliste (Radrennfahrer).

Je cherche encore une _____[5]   beau

casquette _____[6].   blanc

Frédéric à Cloclo: Cloclo, tu es _____[7]?   gentil

Tu me donnes ta _____[8] poupée?   nouveau

Cloclo: Non!! Qu'est-ce que tu veux faire avec ma _____[9] poupée? joli

Magali cherche dans l'armoire de ses parents:

Ça y est, je prends le _____[10] anorak   vieux

et le _____[11] pantalon de papa   vieux

et les _____[12] chaussures de   nouveau

maman et les _____[13] lunettes de tante Amélie.   gros

C'est une mascarade complètement _____[14].   fou

Brigitte met une _____[15] chemise _____[16]. long, blanc

Yves: Alors, tu es notre _____[17] ange m (Engel).   cher

C Die Stellung des Adjektivs

un **grand** garçon	ein großer Junge
un garçon **intelligent**	ein intelligenter Junge
un **bel** anorak	ein schöner Anorak
des anoraks **rouges**	rote Anoraks
une voiture **française**	ein französischer Wagen

Anders als im Deutschen kann im Französischen das Adjektiv vor oder nach dem Nomen stehen.

- **Vor** dem Nomen stehen meistens einsilbige Adjektive wie: *grand, petit, joli, bon*.
- **Nach** dem Nomen stehen meistens mehrsilbige Adjektive sowie alle Farbadjektive.
- Das Adjektiv *cher* kann vor oder nach dem Nomen stehen. Es ändert dann jedoch seine Bedeutung.

Cher Jean-Pierre, …	Lieber Jean-Pierre, …
La voiture est **chère**.	Das Auto ist teuer.

7 Das Tagebuch von Magali
Setze die Adjektive an die richtige Stelle.

12 juillet

belle	Aujourd'hui _____ promenade _____ en bateau sur
intéressante	la Seine et surtout _____ discussion
	_____ (en allemand!) avec un
	_____ garçon
sympathique	_____ de Kiel: Rolf! un
beau	_____garçon _____!

13 juillet

intéressantes	Rendez-vous avec Rolf; _____ photos
	_____des monuments de Paris;
petit	_____tour _____Boulevard Saint Michel: il y a des
bon marché	_____ vêtements
	_____ et super!

	14 juillet
belle	_____ fête _____ à la place de la Bastille
extraordinaire	_____ concert de rock
	_____ – avec Renaud!
	15 juillet
très bon	Cinéma La Géode avec Rolf et Yves; _____ film
	de science-fiction _____. Bien sûr, Yves n'aime
moderne	pas ce _____cinéma _____!

Test

I. Für die folgenden Sätze gibt es einen ganzen Sack voller Adjektive. Suche das jeweils richtige heraus und passe es dem Nomen an. Aber Achtung, ein Adjektiv passt nicht in die Übung hinein.

1. Voilà une _____ idée.

2. N'achète pas ton pull dans ce magasin.

   Il est trop _____!

3. «_____ Magali, Merci pour ta lettre…»

4. Nos amis font des photos des _____

   rues de Paris.

5. Fripouille est un _____ chat. Il est

   _____.

6. Regarde! Des citrons _____!

7. Est-ce que c'est une voiture _____?

8. Les chaussures sont _____.

9. Regarde, il neige (es schneit). Les rues

   sont déjà _____.

Welches Adjektiv bleibt übrig? _____

cher cher

joli   vieux

vert   bon

intéressant

gris   français

bon marché

blanc

11 points

II. Die Großeltern von Magali leben in Straßburg. Sie sind schon öfter in Deutschland gewesen und möchten nun erfahren, wie es den beiden Deutschen, Katrin und Rolf, in Paris gefällt. Magali schreibt ihnen einen Brief.
Gleiche in diesem Brief die Adjektive den Nomen an. Bei den Adjektiven mit einem Ausrufungszeichen musst du außerdem auf die richtige Stellung im Satz achten.

_____¹ mami, _____² papi,   cher, cher

me voilà donc avec Katrin et Rolf. Ils sont

très _____³. Katrin,   sympathique

une _____⁴ _____⁵, vient de Munich   petit, brun

et Rolf, _____⁶ et _____⁷ de Berlin.   grand, blond

Il est bien _____⁸, mais on ne peut pas se promener   gentil

(spazieren gehen) avec lui: il pense toujours à manger.

Il aime bien la _____⁹ cuisine _____⁹.   français!

Katrin aime bien les magasins, bien sûr. Tous les jours elle

porte un _____¹⁰ pull _____¹⁰ une   nouveau!

_____¹¹ jupe _____¹¹ ou un   nouveau!

_____¹² pantalon _____¹².   nouveau!

Mais elle parle déjà bien le français. On leur offre un

_____¹³ programme _____¹³.   intéressant!

Demain, nous faisons une _____¹⁴ promenade

_____¹⁴ en bateau sur la Seine pour voir les   beau!

_____¹⁵ monuments_____¹⁵.   beau!

Aujourd'hui, nous faisons un concours (Wettbewerb) de photos.

Le thème: les _____¹⁶ quartiers _____¹⁶ et   vieux!,

les _____¹⁷ rues _____¹⁷ de Paris.   petit!

Au fait (übrigens), au Forum des Halles il y a

des _____¹⁸ t-shirts

_____¹⁸, pas _____¹⁹ du tout.   extraordinaire!
     cher

Est-ce que vous pouvez m'envoyer (schicken) un peu d'argent?

Je vous fais une _____²⁰ bise _____²⁰.   gros!

Magali

20 points

105

13 Frage- und Demonstrativbegleiter
Les déterminants interrogatifs et démonstratifs

A Der Fragebegleiter *quel*
B Der Demonstrativbegleiter *ce*

A Der Fragebegleiter *quel*

Oh, regarde le manteau!	**Quel** manteau?	(welcher)
Voilà une robe très jolie!	**Quelle** robe?	(welches)
J'aime bien les pulls!	**Quels** pulls?	(welche)
Tu vois les chaussures?	**Quelles** chaussures?	(welche)

Die Schreibweise des Fragebegleiters *quel* richtet sich in Geschlecht und Zahl nach dem zugehörigen Nomen.

	♂	♀
Singular	quel	quelle
Plural	quels	quelles

Genauso wie der Fragebegleiter *qui* kann auch *quel* für das Subjekt eines Satzes stehen. In diesem Fall folgt nach einer Form von *quel* das Verb. Auch hier entscheidet das Nomen, auf das sich *quel* bezieht, über die Schreibweise des Fragebegleiters.

Quel est ton disque?	**Quels** sont tes disques?
Quelle est ta cassette?	**Quelles** sont tes cassettes?

1 L'embarras du choix (Die Qual der Wahl)

Frédéric hat sich auf einen Einkaufszettel geschrieben, was er im Supermarkt einkaufen will. Aber nun weiß er nicht, welche Marken er auswählen soll.

_____ limonade?

_____ biscuits?

_____ vin?

_____ tomates?

_____ fromage?

_____ salade?

_____ croissants?

_____ café?

B Der Demonstrativbegleiter *ce*

Regarde **ce** manteau jaune!	(diesen)
Tu vois **cet** anorak jaune?	(diesen)
Cette robe me plaît!	(dieses)
Et j'aime bien **ces** chaussures grises!	(diese)

Auch die Schreibweise des Demonstrativbegleiters richtet sich nach dem zugehörigen Nomen.

Singular ♂ ce/cet ♀ cette
Plural ces

Hier gibt es zwar nur eine Pluralform, dafür musst du aber bei der männlichen Singularform auf zwei unterschiedliche Schreibweisen achten.

♂	♂
ce garçon	cet **a**mi
	cet **h**omme

Vor einem Vokal oder einem *h* muss für die männliche Form *cet* benutzt werden.

2 On fait les vitrines. (Wir machen einen Schaufensterbummel.)
   Ergänze mit *ce, cet, cette* und *ces*.

1. Tu vois _____ chapeau?   Oui, il est joli.

2. J'aime bien _____ armoire.   Oui, ça va. Mais pour ma

   chambre, elle est trop grande.

3. Et _____ chaussures, à   Oh, elles sont trop chères.

   gauche?

4. Qu'est-ce que tu penses   Oui, elle me plaît.

   de _____ chemise?

5. Et _____ anorak, il   D'accord, il n'est pas mal.

   est super, n'est-ce pas?

6. Oh, regarde _____ verres!   Mmmh, tu vois le prix?

7. Mais _____ robes là ne me   Tu as raison!

   plaisent pas du tout.   Allez, on rentre à la maison?

Aber aufgepasst! Folgende Begriffe darfst du nicht verwechseln:

Cet homme monte dans le bus.   **C'est** mon voisin.
(dieser)   (das ist)

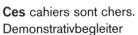

Ces cahiers sont chers.   Ce sont **ses** cahiers.
Demonstrativbegleiter   Possessivbegleiter

3 Cherche les fautes.   La forme correcte:

1. «Est-ce que cet un animal?»   _____

   «Oui, bien sûr!»

2. «Ce sont les cassettes de Fréderic?»

   «Oui, ce sont ces cassettes.»   _____

3. «Regarde ses baguettes, elles   _____

   sont délicieuses.»

4. «Tu vois c'est appareil photo?»   _____

   «Bien sûr, cet une marque très   _____

   chère.»

Test

I. Verbinde die Nomen mit den richtigen Begleitern.

| ce |
| cet |
| cette |
| ces |

1. _____ guitare
2. _____ restaurant
3. _____ cinémas
4. _____ filles
5. _____ amie

6. _____ club
7. _____ élève
8. _____ rues
9. _____ appartement

9 points

II. L'interview

Der französische Fernsehsender *France 2* macht Interviews auf der *place du Tertre*.
Zufällig kommt auch Gilles vorbei. Du übernimmst die Rolle des Reporters. Setze
die jeweils richtige Form von *quel* ein. Du weißt ja, dass auch die Possessivbegleiter passen müssen.

Gilles:

1. *Quel est votre nom*?

Mon nom? Gilles Laffay.

2. _____?

Mon adresse *f*? J'habite

rue Victor Hugo.

3. _____?

Mes hobbys *m*? Eh bien,

j'aime bien le jardin,

la musique…

4. _____

_____?

Ma chanson préférée

(bevorzugt)? Euh…, «La vie

en rose…».

5. _____

_____?

Mes activités *f* (Tätigkeiten)?

Par exemple, organiser des

activités pour les jeunes…

6. _____?

Mes plans *m*? Mmh,…

Je ne sais pas.

7. J'ai une idée! Travaillez pour la publicité à la télé!

Oh, la la… _____

idée! Non merci!

11 points

110

14 Die Verben im Präsens (4)
Les verbes au présent

A *mettre, lire, écrire*
B *partir, dormir, sortir, servir*
C *venir*
D *boire, voir*

In diesem Kapitel geht es um weitere unregelmäßige Verben. „Zum Glück" werden diese unregelmäßigen Verben sehr häufig gebraucht. Sie prägen sich daher ziemlich schnell ein.

Um das Üben zu erleichtern, sind die Verben in kleine Gruppen eingeteilt. Konzentriere dich zuerst auf ein Verb und lerne seine Formen auswendig. Erst wenn dieses Verb sitzt, solltest du dir das nächste vornehmen. Setze bei den Übungen dann die richtigen Verbformen aus dem Gedächtnis ein und nimm die Verbtabellen nur in Ausnahmefällen zu Hilfe.

A *mettre, lire, écrire*

Diese Verben enden auf *-re* und haben im Singular und im Plural unterschiedliche Stämme.

	mettre (setzen, stellen, legen)	**écrire** (schreiben)	**lire** (lesen)	
je/j'	met s	écri s	li s	
tu	met s	écri s	li s	Stamm I
elle/il/on	me t	écri t	li t	
nous	mett ons	écriv ons	lis ons	
vous	mett ez	écriv ez	lis ez	Stamm II
elles/ils	mett ent	écriv ent	lis ent	

1 Vervollständige die „Verbblüten". Denke an die beiden Stämme.

B *partir, dormir, sortir, servir*

	partir (losgehen)	**dormir** (schlafen)		Genauso:
je	par s	dor s	} Stamm I	sortir (ausgehen)
tu	par s	dor s		servir (bedienen)
elle/il/on	par t	dor t		
nous	part ons	dorm ons	} Stamm II	
vous	part ez	dorm ez		
elles/ils	part ent	dorm ent		

Wie bei der ersten Verbgruppe merke dir auch hier die zwei verschiedenen Verbstämme.

2 Vervollständige mit der richtigen Verbform.

sortir

je _____, tu sors, elle _____, nous sortons,

vous _____; ils _____

servir

nous _____, il sert, je _____, vous _____,

elle _____, tu _____, ils servent

C *venir*

Bei *venir* sind ebenfalls zwei Stämme zu berücksichtigen. Allerdings ist die Aufteilung diesmal etwas komplizierter.

	venir (kommen)		Genauso:
je	vien s	} Stamm I	revenir (zurückkommen)
tu	vien s		tenir (halten)
elle/il/on	vien t		
nous	ven ons	} Stamm II	
vous	ven ez		
elles/ils	vien n ent	} Stamm I	

Ici, il y a deux n!

3 Setze die richtige Form von *venir* ein.

1. Mme Lecarpentier à Cloclo: Voilà ton petit déjeuner.

   Tu _____, Cloclo?

2. Brigitte téléphone à Magali et Katrin: Vous _____

   cet après-midi?

3. Magali et Katrin: D'accord, nous _____.

4. Brigitte à Magali: Tes grands-parents, quand est-ce

   qu'_____ _____ alors?

5. Yves téléphone à Frédéric: Tu sais, Frédo, ce soir,

   on va à un concert de Rock!

   Frédo: Oh super! Eh bien moi, _____ _____ aussi!

6. La mère à Magali: Ecoute Magali, range ta chambre.

   Tante Amélie _____!

D *boire, voir*

	boire (trinken)	**voir** (sehen)	
je	boi s	voi s	} Stamm I
tu	boi s	voi s	
elle/il/on	boi t	voi t	
nous	buv ons	voy ons	} Stamm II
vous	buv ez	voy ez	
elles/ils	boi v ent	voi ent	} Stamm I

Ici, il y a encore un v!

4 Tout le monde a soif!

Im Jugendzentrum gibt es auch eine Cafeteria. Nach dem Tischtennis haben alle Durst. Ergänze die richtigen Formen von *boire*.

Qu'est-ce que vous _____?

Nous _____ un jus de pommes.

Mes grands-parents _____ toujours du thé!

Qu'est-ce que _____ _____, Rolf?

Moi, _____ _____ une limonade.

Gilles, l'animateur _____ aussi du thé.

Beachte den Unterschied zwischen dem Verb *voir* und dem Verb *regarder*:

> voir: sehen
> regarder: betrachten, (hin)sehen, sich etwas ansehen

5   *voir* ou *regarder*
   Magali und Brigitte sehen fern. Yves und Frédéric sind mit dem Film nicht einverstanden.

Yves: Mais, qu'est-ce que vous _____[1]? Il est nul, ce film!

Frédéric: Les filles et leurs histoires d'amour (Liebesgeschichten)! Et pour-

            quoi est-ce qu'on ne _____[2] pas «James Bond» sur la «2»?

Magali: «James Bond» sur la «2»?

Frédéric: Oui, _____[3] le programme, Magali.

Magali: Et où est-ce que tu _____[4] ça?

Frédéric: Ben, là. «France 2», 20h20, le film du dimanche.

Magali: Moi, je ne _____[5] rien.

Frédéric: Elles ont des yeux (Augen) et elles ne _____[6] pas!

Magali: Eh bien, messieurs, prenez donc le programme et

            _____[7] – bien à «France 2»! 20h20, dimanche 14, et

            qu'est-ce que vous _____[8]?

Yves: Zut! On est le 14! Pas le 21!

Brigitte: Et toc! Un à zéro! Nous avons des yeux, nous _____[9]

            et surtout nous _____[10] le film maintenant!

Test

I. In dem Viereck unten sind 16 konjugierte Formen der Verben dieses Kapitels versteckt. Suche sie in horizontaler, vertikaler und diagonaler Linie.

A	D	U	M	V	I	E	N	S	P	E	L
B	O	B	U	V	E	Z	H	B	D	C	J
O	R	C	E	I	F	C	G	Q	O	R	T
I	M	L	M	E	T	S	R	C	R	I	P
V	O	I	T	N	C	L	T	I	S	V	S
E	N	S	V	N	L	I	Z	P	S	E	B
N	S	O	M	E	T	T	E	Z	V	N	X
T	L	N	Y	N	D	T	I	E	N	T	Q
B	I	S	A	T	F	V	O	Y	E	Z	U

je/tu _____   nous _____

je/tu _____   nous _____

j'/tu _____   vous _____

je/tu _____   vous _____

je/tu _____   vous _____

elle/il _____   elles/ils _____

elle/il _____   elles/ils _____

elle/il _____   elles/ils _____

16 points

Hast du alle Formen gefunden? Prima! Schreibe nun noch die Infinitive dieser Verben in alphabetischer Reihenfolge auf.

_____   _____   _____

_____   _____   _____

_____   _____

8 points

II. Pendant les vacances

Magali ist bei ihrer Austauschpartnerin Katrin in Deutschland. Magalis Eltern haben noch keine Post von ihrer Tochter, schließlich rufen sie sie an. Vervollständige den Dialog mit den vorgegebenen Verben. Die unterstrichenen Verben sollen verneint werden.

<u>écrire</u>	Allô, Magali! Tu vas bien? Tu _____ _____ beaucoup.	Oui, maman, mais je _____ beaucoup.	lire
sortir	Ah bon! Et toi et Katrin, vous _____ le soir?	Oui, on _sort_ avec des amis. Rolf et Peter _____ nous chercher (abholen) à la maison.	sortir venir
<u>boire</u>	Mais, tu _____ _____ d'alcool?	Ecoute, maman, nous _____ des jus de fruits.	boire

dormir	Et, tu _____ aussi?	Mais oui! Je _____ assez. La mère de Katrin _____ le réveil (Wecker) toujours à 9 heures.	dormir mettre
		Est-ce que vous _____ aussi en vacances?	partir
partir venir	Nous _____ dans deux semaines. On _____ peut-être te chercher.	Ah bon! Mais alors vous _____ encore aux parents de Katrin?	écrire
mettre	Tu sais, nous _____ la lettre à la poste, tout à l'heure.	Ah, d'accord… je _____.	voir

15 points

Her mit den besseren Noten!

Das bewährte **Besser in Französisch-Lernhilfenprogramm** gibt es komplett vom ersten Lernjahr bis zum Abitur. Jeder Band der jeweiligen Klassenstufe deckt alle wichtigen Lehrplanthemen ab. Übungen, Tipps, Lösungshilfen und die wichtigsten Regeln zum Nachschlagen und Lernen für zu Hause und unterwegs.

Mit Lösungen – zur Selbstkontrolle oder für die Eltern.

Besser in Französisch	ISBN 978-3-589-
Grammatik 1. Lernjahr	23171-3
Grammatik 2. Lernjahr	22997-0
Grammatik 3./4. Lernjahr	22857-7
Lernwörterbuch 1. – 4. Lernjahr	22251-3
Grammatik Oberstufe	22926-0
Die große Lernkartei 1./2. Lernjahr	22290-2
Die große Lernkartei 3./4. Lernjahr	22595-8

Außerdem liegen Titel für folgende Fächer vor:

- Deutsch
- Englisch
- Latein
- Spanisch
- Mathematik
- Physik
- Lern- und Arbeitstechniken

Fragen Sie bitte in Ihrer Buchhandlung oder im gut sortierten Fachhandel.